高职高专财务会计类专业系列教材

出纳实务

主　编　柳　清

副主编　孙　博　刘德元

参　编　李彤宙　王晓燕

机械工业出版社

本书内容结合企业各项出纳岗位业务实际，操作规范清晰，流程解读详细，图文结合，同时穿插大量真账实操案例，使各项出纳业务更具有实践性，使读者轻松掌握出纳操作技能，快速对接出纳工作。

本书从出纳人员应知、应会出发，结合企业财务工作运转过程中的各项实际业务，全面介绍了出纳人员的基本技能、工作流程、出纳职责等。全书包括出纳工作基本认知、出纳工作交接、出纳基本技能、现金结算业务、单位银行账户业务、出纳相关凭证与账簿、票据结算业务、其他结算业务等内容。

本书适合高职高专的会计、会计信息管理、财务管理、审计等经济管理类各专业师生，以及在职会计人员、企业培训和咨询人员阅读与使用。

为方便教学，本书配备电子课件、习题答案、教案、教学大纲等教学资源。凡选用本书作为教材的教师均可登录机械工业出版社教育服务网 www.cmpedu.com 下载。咨询电话：010-88379375；服务 QQ：945379158。

图书在版编目（CIP）数据

出纳实务/柳清主编. —北京：机械工业出版社，2020.12（2022.1 重印）
高职高专财务会计类专业系列教材
ISBN 978-7-111-66890-9

Ⅰ. ①出… Ⅱ. ①柳… Ⅲ. ①出纳—会计实务—高等职业教育—教材
Ⅳ. ①F230

中国版本图书馆 CIP 数据核字（2020）第 219753 号

机械工业出版社（北京市百万庄大街 22 号 邮政编码 100037）
策划编辑：乔 晨 责任编辑：乔 晨 孔文梅
责任校对：张 力 封面设计：鞠 杨
责任印制：李 昂

北京捷迅佳彩印刷有限公司印刷

2022 年 1 月第 1 版第 2 次印刷
184mm×260mm · 11.25 印张 · 250 千字
1 001—2 000 册
标准书号：ISBN 978-7-111-66890-9
定价：35.00 元

电话服务	网络服务
客服电话：010-88361066	机 工 官 网：www.cmpbook.com
010-88379833	机 工 官 博：weibo.com/cmp1952
010-68326294	金 书 网：www.golden-book.com
封底无防伪标均为盗版	机工教育服务网：www.cmpedu.com

前　　言

高职财务会计类学生毕业后就业率较高的岗位之一是出纳岗位。出纳工作又是财务会计工作重要的组成部分，工作内容繁杂、涉及面广。因此，本书以经济业务为载体，以出纳岗位工作流程为主线，以出纳岗位核心技能为要点，以仿真凭证为岗位工作业务依据，系统地介绍了出纳岗位必备的理论知识、业务办理及核算办法。

全书内容包括出纳工作基本认知、出纳工作交接、出纳基本技能、现金结算业务、单位银行账户业务、出纳相关凭证与账簿、票据结算业务、其他结算业务等。本书以实操为核心，围绕出纳工作所涉及的各项业务撰写。在语言上力争做到化繁为简，用简练、通俗的语言阐述每个知识点，让每位初学者都能读得懂、学得会。

本书立足于高职“教、学、做、评”一体化特色教学，主要有以下特点：

（1）编写时尽量避免单一的文字叙述，将业务流程及相关知识采用图、表的形式呈现，以便读者清晰、迅速地掌握业务重点，厘清业务思路。

（2）内容紧跟国家税收、银行结算方式等最新变化。

（3）内容选取本着“够用、适用”原则，提炼教学内容，增加情境案例，灵活运用“小贴士”等小模块，增强可读性，并突出重点、难点。

本书由柳清担任主编，孙博、刘德元担任副主编，李彤宙、王晓燕参与编写。具体编写分工如下：第一、二章由柳清、刘德元编写；第三、四、五、六章由柳清编写；第七、八章由柳清、孙博编写；李彤宙、王晓燕负责本书相关案例、习题的编写。柳清负责教材的整体设计、拟定编写大纲，并对全书进行总纂和定稿。

为方便教学，本书配备电子课件、习题答案、教案、教学大纲等教学资源。凡选用本书作为教材的教师均可登录机械工业出版社教育服务网 www.cmpedu.com 下载。咨询电话：010-88379375；服务 QQ：945379158。

本书在编写过程中，得到了行业专家的大力支持和帮助，在此一并致谢。限于编者水平，书中难免有疏漏及不当之处，敬请读者批评指正。

编　者

二维码索引

目　录

第一章 出纳工作基本认知

1

问题引入

一天，正直无私、任劳任怨的沙悟净前往取经有限责任公司应聘出纳岗位，主考官为公司财务部孙经理，孙经理提出的第一个问题是：请你谈谈对“出纳”二字的认识。沙悟净不慌不忙地回答：“出纳，从字面上理解，出即支出，纳即收入……”孙经理的脸上露出了满意的笑容……

学习目标

了解“出纳”的基本含义
掌握出纳工作的内容、基本要求、职能
掌握出纳机构的设置和人员配备
掌握出纳人员的职责和权限
了解出纳人员应具备的职业道德

第一节 出纳工作简介

出纳作为会计名词，运用在不同场合有着不同的含义。从这个角度讲，出纳一词至少有出纳工作、出纳人员两种含义。

一、出纳工作的含义

出纳工作是管理货币资金、票据、有价证券进出的一项工作。具体来说，出纳工作是按照有关规定和制度，办理本单位的现金收付、银行结算及有关账务，保管库存现金、有价证券、财务印章及有关票据等工作的总称。

出纳工作有广义与狭义之分：从广义上讲，只要是货币资金、票据和有价证券的收付、保管、核算，就都属于出纳工作。狭义的出纳工作则仅指各单位会计部门专设出纳岗位或人员的各项工作。

二、出纳工作的特点

任何工作都有自身的特点和工作规律，出纳是会计工作的组成部分，具有一般会计工作的本质属性，但它又是一个专门的岗位，一项专门的技术，因此，具有自身专门的工作特点。具体包括以下几点：

1．社会性

出纳工作担负着一个单位货币资金的收付、存取活动，而这些活动是置身于整个社会经济活动的大环境之中的，是和整个社会的经济运转相联系的。只要这个单位发生经济活动，就必然产生与出纳人员相关的经济关系。出纳人员应了解国家有关财会政策法规并参加这方面的学习和培训。

2．专业性

出纳工作作为会计工作的一个重要岗位，有着专门的操作技术和工作规则。凭证如何填制，出纳账怎样记等，都很有学问，就连保险柜的使用与管理也是有讲究的。因此，要做好出纳工作，一方面要求出纳人员要经过一定的职业教育，另一方面也需要其在实践中不断积累经验，掌握工作要领，熟练使用现代化办公用具。

3．政策性

出纳工作是一项政策性很强的工作，其工作的每个环节都必须依照国家相关财经法规进行。例如，办理现金收付要按照国家有关现金管理规定进行；办理银行结算业务要根据《中华人民共和国支付结算办法》进行。《中华人民共和国会计法》（以下简称《会计法》）《会计基础工作规范》等法规都把出纳工作并入会计工作中来，并对出纳工作提出具体规定和要求。不掌握这些政策法规，就做不好出纳工作；不按这些政策法规办事，就违反了财经纪律。

4．时效性

出纳工作具有很强的时效性，何时发放职工工资，何时核对银行对账单等，都有严格的时间要求，一天都不能延误。因此，出纳人员心里应有一个时间表，及时办理各项工作，保证出纳工作质量。

三、出纳工作的基本原则

出纳工作的基本原则主要是指内部牵制原则或者说钱账分管原则。

内部牵制原则是指凡是涉及款项和财物收付、结算及登记的任何一项工作，必须由两人或两人以上分工办理，以起到相互制约作用。《会计法》第三十七条规定："会计机构内部应当建立稽核制度。出纳人员不得兼任稽核、会计档案保管和收入、支出、费用、债权债务账目的登记工作。"例如：现金和银行存款的支付，应由会计主管人员或其授权的代理人审核、批准，出纳人员付款，记账人员记账；发放工资，应由工资核算人员编制工资单，出纳人员办理转账手续或向银行提取现金和分发工资，记账人员记账。实行钱账分管主要是为了加强会计人员相互制约、相互监督、相互核对，提高会计核算质量，防止工作误差和营私舞弊等行为。

《会计法》专门规定出纳人员不得兼管稽核、会计档案保管和收入、支出、费用、债权债务账目的登记工作，这是由于出纳人员是各单位专门从事货币资金收付业务的会计人员，根据复式记账原则，每发生一笔货币资金收付业务，必然引起收入、费用或债权、债务等账簿记录的变化，或者说每发生一笔货币资金收付业务都要登记收入、费用或债权、债务等有关账簿，如果把这些账簿登记工作都由出纳人员办理，会给贪污舞弊行为以可乘之机。同样道理，如果稽核、内部档案保管工作也由出纳人员经管，也难以防止利用抽换单据、涂改记录等手段进行舞弊的行为。当然，出纳人员不是完全不能记账，只要所记的账不是收入、费用、债权、债务方面的账目，是可以承担一部分记账工作的。总之，内部牵制原则是出纳工作的一项重要原则，各单位都应建立健全这一制度，防止营私舞弊行为的发生，维护国家和单位财产的安全。

四、出纳工作的职能

出纳工作是财会工作的一个重要组成部分，从总的方面来讲，出纳工作的职能可概括为收付、反映、监督三个方面。

1. 收付职能

出纳的最基本职能是收付职能。企业经营活动少不了货物价款的收付、往来款项的收付，也少不了各种有价证券以及金融业务往来的办理，这些业务往来的资金、票据和金融证券的收付和办理，以及银行存款收付业务的办理，都必须经过出纳人员之手。

2. 反映职能

出纳的第二个职能是反映职能。出纳要利用统一的货币计量单位，通过其特有的现金与银行存款日记账、有价证券的各种明细分类账，对本单位的货币资金和有价证券进行详细的记录与核算，以便为经济管理和投资决策提供完整的、系统的经济信息。

3. 监督职能

出纳不仅要对本单位的货币资金和有价证券进行详细的记录与核算，为经济管理和投资决策提供完整、系统的经济信息，还要对企业的各种经济业务，特别是货币资金收付业务的合法性、合理性和有效性进行全过程的监督。

五、出纳的日常工作内容

出纳的日常工作主要包括货币资金核算、往来结算、工资核算三个方面的内容。

1. 货币资金核算的日常工作内容

（1）办理现金收付，审核审批有据。严格按照国家有关现金管理制度的规定，根据稽核人员审核签章的收付款凭证，进行复核，办理款项收付。对于重大的开支项目，必须经过会计主管人员、总会计师或单位领导审核签章，方可办理。收付款后，要在收付款凭证上签章，并加盖“收讫”“付讫”戳记。

（2）办理银行结算，规范使用支票。严格控制签发空白支票。如因特殊情况确需签发不填写金额的转账支票时，必须在支票上写明收款单位名称、款项用途、签发日期，规定限额和报销期限，并由领用支票人在专设登记簿上签章。逾期未用的空白支票应交给签发人。对于填写错误的支票，必须加盖“作废”戳记，与存根一并保存。支票遗失时要立即向银行办理挂失手续。不准将银行账户出租、出借给任何单位或个人办理结算。

（3）认真登记日记账，保证日清月结。根据已经办理完毕的收付款凭证，逐笔顺序登记现金和银行存款日记账，并结出余额。银行存款的账面余额要及时与银行对账单核对。月末要编制银行存款余额调节表，使账面余额与对账单上余额调节相符。对于未达账款，要及时查询。要随时掌握银行存款余额，不准签发空头支票。

（4）保管库存现金，保管有价证券。对于现金和各种有价证券，要确保其安全和完整无缺。库存现金不得超过银行核定的限额，超过部分要及时存入银行。不得以“白条”抵充现金，更不得任意挪用现金。如果发现库存现金有短缺或盈余，应查明原因，根据情况分别处理，不得私下取走或补足。如有短缺，要负赔偿责任。要保守保险柜密码的秘密，保管好钥匙，不得任意转交他人。

（5）保管有关印章，登记注销支票。出纳人员所管的印章必须妥善保管，严格按照规定用途使用。但签发支票的各种印章，不得全部交由出纳一人保管。对于空白收据和空白支票必须严格管理，专设登记簿登记，认真办理领用注销手续。

（6）复核收入凭证，办理销售结算。认真审查销售业务的有关凭证，严格按照销售合同和银行结算制度，及时办理销售款项的结算，催收销售货款。发生销售纠纷，货款被拒付时，要通知有关部门及时处理。

2. 往来结算的日常工作内容

（1）办理往来结算，建立清算制度。办理其他往来款项的结算业务。现金结算业务的内容，主要包括：企业与内部核算单位和职工之间的款项结算；企业与外部单位不能办理转账手续和个人之间的款项结算；低于结算起点的小额款项结算；根据规定可以用于其他方面的结算。对购销业务以外的各种应收、暂付款项，要及时催收结算；应付、暂收款项，要抓紧清偿。对确实无法收回的应收账款和无法支付的应付账款，应查明原因，按照规定报经批准后处理。实行备用金制度的企业，要核定备用金定额，及时办理领用和报销手续，加强管理。对预借的差旅费，要督促及时办理报销手续，收回余额，不得拖欠，不准挪用。建立其他往来款项清算手续制度。对购销业务以外的暂收、暂付、应收、应付、备用金等债权债务及往来款项，要建立清算手续制度，加强管理，及时清算。

（2）核算其他往来款项，防止坏账损失。对购销业务以外的各项往来款项，要按照单位和个人分户设置明细账，根据审核后的记账凭证逐笔登记，并经常核对余额。年终要抄列清单，并向领导或有关部门报告。

3．工资核算的日常工作内容

（1）执行工资计划，监督工资使用。根据批准的工资计划，会同人力资源部门，严格按照规定掌握工资和奖金的支付，分析工资计划的执行情况。对于违反工资政策，滥发津贴、奖金的，要予以制止或向领导和有关部门报告。

（2）审核工资单据，发放工资、奖金。根据实有职工人数、工资等级和工资标准，审核工资、奖金计算表，办理代扣款项（包括计算个人所得税、住房基金、劳保基金、失业保险金）等，计算实发工资。按照车间和部门归类，编制工资、奖金汇总表，填制记账凭证，经审核后，办理银行转账支付；需要以现金形式支付工资的，出纳人员会同有关人员提取现金，组织发放。发放的工资和奖金，必须由领款人签名或盖章。发放完毕后，要及时将工资和奖金计算表附在记账凭证后或单独装订成册，并注明记账凭证编号，妥善保管。

（3）负责工资核算，提供工资数据。按照工资总额的组成和支付工资的来源，进行明细核算。根据管理部门的要求，编制有关工资总额报表。

六、出纳工作方法

出纳工作方法是完成出纳任务的手段，与整个会计核算方法基本相同，主要包括设置账户、复式记账、填制与审核凭证、登记账簿、货币清查、财产清查、编制出纳收支报表，以及对出纳核算资料进行分析和利用等方法。

1．设置账户

设置账户是对核算对象的具体内容进行分类反映和监督的一种专门方法。就出纳核算而言，要对现金、每一种银行存款、每一种有价证券分别设置账户进行记录和核算。出纳常设账户有：“现金日记账”“银行存款日记账——结算户存款”“银行存款日记账——××专户存款”“长期股权投资——股票投资（××股票）”“短期投资——股票投资（××股票）”等。

2．复式记账

记账方法是根据一定的原理和记账规则，采取一定的记账符号和计量单位，利用文字和数字来记载经济业务的一种专门方法，分为有单式记账法（流水账）和复式记账法。

根据企业会计准则的规定，对于经济业务的发生，应该全面记录会计对象的增减变动，应采用复式记账法，即在两个或两个以上的账户中记录增减变动，全面反映经济业务带来的影响。

3．填制与审核凭证

填制与审核凭证是为了保证会计核算质量，审查经济活动的合规性、合法性而采用的一种专门方法。出纳人员对经济业务进行账务处理，在过账前，也要复核有关原始凭证，填制或复核记账凭证。原始凭证是经济业务的书面证明，是记账的依据，对记录每一经济业务的原始凭证进行严格的审核，并根据经审核后的原始凭证填制记账凭证，然后再据以记账，可以保证核算质量，明确经济责任。出纳人员对原始凭证的复核与专管费用报销人员对原始凭证的审核是两个不同的过程，出纳人员的复核是一种复查性的，是保证会计核算质量的重要的和必不可少的一种手段，是出纳工作的一个步骤，而费用报销的审核则是一项专门的财务管理工作；出纳人员不得兼管费用报销等审核工作。

4. 登记账簿

登记账簿是根据记账凭证，在账簿上连续、系统、全面地记录经济业务的一种专门方法。按照记账的正规方法和程序登记账簿，并定期进行对账、结账，可以提供完整的、系统的核算资料。出纳日记账要逐笔序时进行登记，定期结出借贷发生额与余额，出具出纳报告单与总账会计进行核对。其中，现金日记账还要每日结出余额，并与库存现金核对。

5. 货币清查

货币清查是指通过实地盘点库存现金和核对银行存款账目，保证账款相符、账账相符的一种专门方法。

（1）对现金的清查。对现金的清查需要定期或不定期地采用实地盘点法，主要清查有无挪用公款、有无假造用途、有无套取现金等现象。通过清查，加强对现金的管理，从而保证现金安全无损。

（2）对银行存款的清查。对银行存款的清查需要采用核对银行账（用银行对账单代替）与单位账（银行存款日记账）的方法，对银行存款的收支业务，逐日逐笔核对。

6. 财产清查

财产清查是对各项资产物资进行实物盘点，账面核对以及对各项往来款项进行查询、核对，以保证账账、账实相符的一种专门方法。通过财产清查，可以查明各项资产物资、债权债务、所有者权益等情况，加强物资管理，保持账记与实存的一致性，并为编制报表提供可靠的资料。出纳要每天清点、核对库存现金，经常性地与银行进行账目核对，适时清点核对库存各种有价证券和结算票据。

7. 编制出纳收支报表

编制出纳收支报表是以表格形式，定期总括地反映经济活动和财务收支情况的一种专门方法。出纳主要是报告本单位现金收支与结存情况、现金收支计划的实现情况，资金利用情况、资金使用效益情况等。

8. 对出纳核算资料进行分析和利用

对出纳核算资料进行分析和利用，是对核算资料所反映的各项经济指标进行对比分析，以便挖掘收入潜力，找出降低成本的办法，扩大经营成果。

上述专门方法构成了一个完整的总体，它们是相互联系、紧密结合的，必须一环紧扣一环。缺少哪一环，或在哪一个环节上出了问题，都将影响整体核算质量。

第二节　出纳人员的岗位职责

一、出纳人员的概念

从广义上讲，出纳人员既包括会计部门的出纳工作人员，也包括业务部门的各类收款员（收银员）。狭义的出纳人员仅指会计部门的出纳工作人员。

收款员（收银员），从其工作内容、方法、要求，以及他们本身应具备的素质等方面看，与会计部门的专职出纳人员有很多相同之处。他们的主要工作是办理货币资金和各种票据的收入，保证自己经手的货币资金和票据的安全与完整；他们也要填制和审核许多原始凭证；他们同样是直接与货币打交道，除了要有过硬的出纳业务知识以外，还必须具备良好的财经法纪素养和职业道德修养。有所不同的是，他们一般工作在经济活动的第一线，货币资金和各种票据的收入，特别是货币资金的收入，通常是由他们转交给专职出纳的；另外，他们的工作过程是收入、保管、核对与上交，一般不专门设置账户进行核算。所以，也可以说，收款员（收银员）是出纳（会计）机构的派出人员，他们是各单位出纳队伍中的一员，他们的工作是整个出纳工作的一部分。出纳业务的管理和出纳人员的教育与培训，应从广义角度综合考虑。

二、出纳人员职业道德

出纳是一项特殊的职业，它整天接触的是大把大把的金钱，成千上万的钞票，真可谓万贯家财手中过。没有良好的职业道德，很难顺利通过“金钱关”。与其他会计人员相比较，出纳人员更应严格遵守职业道德，秉公理财。

一般会计人员应该遵守的职业道德包括：

1．敬业爱岗

会计人员应当热爱本职工作，努力钻研业务，使自己的知识和技能适应所从事工作的要求。

2．熟悉法规

会计人员应当熟悉财经法律法规和国家统一的会计制度，并结合会计工作进行广泛宣传。

3．依法办事

会计人员应当按照会计法律法规和国家统一的会计制度规定的程序和要求进行会计工作，保证提供的会计信息合法、真实、准确、及时、完整。

4．客观公正

会计人员在办理会计事务中，应当实事求是，客观公正。

5．搞好服务

会计人员应当尽其所能，为改善单位的内部管理、提高经济效益服务。

6．保守秘密

会计人员应当保守本单位的商业秘密，除法律规定和单位领导同意外，不能私自向外界提供或泄露单位的会计信息。

除此之外，出纳人员还应特别注意以下两点：

1．清正廉洁

清正廉洁是出纳人员的立业之本，是出纳人员职业道德的首要方面。出纳人员掌握着一个单位的现金和银行存款，若要把公款据为己有或挪做私用，均有方便的条件和较多的机会。同时，外部的经济违法分子也往往会在出纳人员身上打主意，施以小惠，拉其下水。应该说，面对钱欲、物欲的考验，绝大多数出纳人员以坚定的意志和清正廉洁的高贵品质赢得了人们的赞誉。当然，也有少数出纳人员利用职务之便贪污舞弊、监守自盗、挪用公款，到头来，既害了集体又害了自己。

2．坚持原则

出纳人员肩负着处理各种利益关系的重任，只有坚持原则，才能正确处理国家、集体与个人的利益关系。在工作中，有时需要牺牲局部与个人利益以维护国家利益，有时需要为了维护法律、法规的尊严而去得罪同事和领导。这些都是出纳人员应该坚持和必须做好的。长期以来，广大出纳人员在工作中坚持原则，无私无畏地维护财经纪律，不少出纳人员因此受到国家和人民的表彰和嘉奖。这是出纳人员的荣誉。当然，也有一些出纳人员因坚持原则而遭打击报复，但坚持原则终究会得到社会的理解和支持，打击报复迟早会受到处罚。为了保障国家和集体的利益，保护社会主义公共资财，广大出纳人员要真正肩负起国家赋予的实行会计监督的职责，在出纳工作中坚持原则，自觉抵制不正之风，为维护会计工作秩序的正常进行贡献自己的力量。

三、出纳人员工作职责与权限

1．出纳人员工作职责

根据《会计法》《会计基础工作规范》等法规，出纳人员具有以下工作职责：

（1）按照国家有关现金管理和银行结算制度的规定，办理现金收付和银行结算业务。

（2）不得超额留存库存现金；不准套现；不准白条抵库。

（3）办理现金和银行存款收付业务时，要严格审核有关原始凭证，根据编制的收付款记账凭证逐笔顺序登记现金日记账和银行存款日记账。

（4）按照国家外汇管理和结汇、购汇制度的规定及有关批件，办理外汇出纳业务。

（5）掌握银行存款余额，不得签发空头支票，不得出租、出借银行账户为其他单位办理结算。

（6）保管库存现金和各种有价证券。

（7）保管有关印章、空白收据（发票）和空白支票。

（8）有些企业的出纳人员还承担办理银行账户的开立、变更和撤销业务，协助相关人员办理营业执照、企业代码证和贷款卡年检工作等职责。

2. 出纳人员权限

（1）维护财经纪律，执行财会制度，抵制不合法的收支和弄虚作假行为。

《会计法》对会计人员如何维护财经纪律提出了具体规定。这些规定为出纳人员实行会计监督、维护财经纪律提供了法律保障。出纳人员应认真学习、领会、贯彻这些法规，充分发挥出纳工作的“关卡”“前哨”作用，为维护财经纪律、抵制不正之风做出贡献。

（2）参与货币资金计划定额管理的权力。

《现金管理暂行条例》和《支付结算办法》是出纳人员开展工作必须遵照执行的法规。这些法规实际上是赋予出纳人员对货币资金管理的职权。例如，为加强现金管理，要求各单位的库存现金必须限制在一定的范围内，多余的要按规定送存银行，这便为银行部门利用社会资金进行有计划放款提供了资金基础。因此，出纳工作不是简单的货币资金的收付，不是无足轻重的点钞票，其工作的意义只有和许多方面的工作联系起来才能体会到。

（3）管好、用好货币资金的权力。

出纳工作每天和货币资金打交道，单位的一切货币资金往来都与出纳工作紧密相联，货币资金的来龙去脉、周转速度的快慢，出纳人员都清清楚楚。因此，提出合理安排利用资金的意见和建议，及时提供货币资金使用与周转信息，也是出纳人员义不容辞的责任。出纳人员应抛弃被动工作观念，树立主动参与意识，把出纳工作放到整个会计工作、经济管理工作的大范围中，这样既能增强出纳自身的职业光荣感，又为出纳工作开辟了新的视野。

第三节 出纳岗位的内部控制制度

一、出纳机构设置与人员配备

1. 出纳机构的设置

出纳机构，一般设置在会计机构内部，如各企事业单位财会科、财会处内部设置专门处理出纳业务的出纳组、出纳室。

《会计法》第三十六条规定：“各单位应当根据会计业务的需要，设置会计机构，或者在有关机构中设置会计人员并指定会计主管人员；不具备设置条件的，应当委托经批准设立从事会计代理记账业务的中介机构代理记账。”会计法对各单位会计、出纳机构与人员的设置没有做出硬性规定，只是要求各单位根据业务需要来设定。各单位可根据单位规模大小和货币资金管理的要求，结合出纳工作的繁简程度来设置出纳机构。以工业企业为例，大型企业可在财务处下设出纳科；中型企业可在财务科下设出纳室，小型企业可在财务部门配备专职出纳人员。有些集团公司，为了资金的有效管理和总体利用效益，把若干分公司的出纳业务（或部分出纳业务）集中办理，成立专门的内部“结算中心”，这种“结算中心”，实际上也是出纳机构。

2. 出纳人员的配备

一般来讲，实行独立核算的企业单位，在银行开户的行政事业单位，有经常性现金收入和支出业务的企业、行政事业单位，都应配备专职或兼职出纳，承担本单位的出纳工作。出纳人员配备的多少，主要决定于本单位出纳业务量的大小和繁简程度，要以业务需要为原则，既要满足出纳工作量的需要，又要避免徒具形式、人浮于事的现象。一般可采用一人一岗、一人多岗、一岗多人等几种形式。

（1）一人一岗：规模不大的单位，出纳工作量不大，可设专职出纳人员一名。

（2）一人多岗：规模较小的单位，出纳工作量较小，可设兼职出纳人员一名。如无条件单独设置会计机构的单位，至少要在有关机构中（如单位的办公室、后勤部门等）配备兼职出纳人员一名。但兼职出纳不得兼管收入、费用、债权、债务账目的登记工作及稽核工作和会计档案保管工作。

（3）一岗多人：规模较大的单位，出纳工作量较大，可设多名出纳人员，如分设管理收付的出纳人员和管账的出纳人员，或分设现金出纳人员和银行结算出纳人员等。

3. 出纳人员的内部分工

单位规模较大、业务复杂、出纳人员有两名以上的单位，要在出纳部门内部实行岗位责任制，要对出纳人员的工作进行明确的分工，使每一项出纳工作都有出纳人员负责，每一个出纳人员都有明确的职责。出纳人员的具体分工，要从管理的要求和工作的便利等方面综合考虑。通常可按现金与银行存款、银行存款的不同户头、票据与有价证券的办理等工作性质上的差异进行分工。也可以将整个出纳工作划分为不同的阶段和步骤，按工作阶段和步骤进行分工。对于公司内部“结算中心”式的出纳机构中的人员分工，还可以按不同分公司定岗定人。

二、出纳工作内部控制要求

货币资金的收付及保管应由被授权批准的专设出纳人员负责，其他人员不得接触。会计部门内部，总账会计、明细账会计不得兼管出纳工作。

出纳人员不能同时负责总账的登记和保管。

出纳人员不能同时负责非货币资金账户的记账工作，即出纳人员不得负责收入、费用、债权、债务等账目的登记工作。

出纳人员应与货币资金审批人员相分离。

货币资金的收付和控制货币资金收支的专用印章不得由一人兼管，即出纳人员不得保管专门用于货币资金收付的企业财务专用章。

出纳人员应与货币资金的稽核人员、会计档案的保管人员相分离。

出纳人员应与负责现金清查人员和银行对账人员相分离。

建立出纳人员、专用印章保管人员、会计人员、稽核人员、会计档案保管人员及货币资金清查人员的责任制度。

课后习题

一、单选题

1. 出纳工作不包括（　　）的收付、保管、核算。

A. 货币资金　　B. 票据　　C. 有价证券　　D. 存货

2. 出纳日常工作中，对记载不准确、不完整的原始凭证，应（　　）。

A. 予以退回，要求更正、补充　　B. 自己根据业务情况补记完整

C. 交由主管补记完整　　D. 上报主管，根据主管意见处理

二、多选题

1. 出纳工作具有（　　）等特点。

A. 社会性　　B. 专业性　　C. 政策性　　D. 时效性

2. 出纳的工作职能包括（　　）。

A. 收付职能　　B. 反映职能　　C. 监督职能　　D.约束职能

3. 出纳应按照国家有关现金管理和银行结算制度的规定，办理现金收付和银行结算业务，包括：（　　）。

A. 不得超额留存库存现金　　B. 不准套现

C. 不准白条抵库　　D. 不准签发空头支票

E. 不准出租、出借户头

4. 根据《会计法》《会计基础工作规范》等法规，出纳人员具有（　　）等工作权限。

A. 维护财经纪律，执行财会制度，抵制不合法的收支和弄虚作假行为

B. 参与货币资金计划定额管理的权力

C. 管好货币资金的权力

D. 做好存货管理

三、判断题

1. 出纳人员不得兼管稽核、会计档案保管和收入、费用、债权、债务账目的登记工作。（　　）

2. 钱账分管原则是指凡是涉及款项和财物收付、结算及登记的任何一项工作，必须由两人或两人以上分工办理，以起到相互制约的作用。（　　）

3. 收付款后，要在收付款凭证上签章，并加盖“收讫”“付讫”戳记。（　　）

4. 国家机关、国有企业、事业单位任用会计人员实行回避制度。会计机构负责人、会计主管人员的直系亲属不得在本单位会计机构中担任出纳工作。（　　）

第二章 出纳工作交接

2

问题引入

取经有限责任公司收到出纳人员高小姐的辞职报告，经公司领导研究决定同意高小姐辞职，并由刚招聘来的沙悟净负责出纳工作。沙悟净来到公司报到，并与高小姐正式开始进行出纳工作的交接。高小姐已经认真做好了交接前的准备工作，在监交人——财务部孙经理的协助下，出纳工作交接正有条不紊地进行着……

学习目标

了解出纳交接工作的主要内容

了解出纳交接的任务

能结合企业实际情况完成出纳工作交接

能够遵守出纳工作相关法规与制度，依法办事，按章操作，为下一步出纳具体工作做好准备

第一节 出纳工作交接原因

出纳工作交接是指单位出纳人员因工作调动或离职等原因，由离任出纳人员将有关工作和资料移交给继任出纳人员的工作过程。

《会计基础工作规范》第二十五条规定："会计人员工作调动或者因故离职，必须将本人所经管的会计工作全部移交给接替人员。没有办清交接手续的，不得调动或者离职。"

出纳人员办理交接手续的主要原因包括：

（1）出纳人员因辞职而离开单位。

（2）因企业内部工作变动，不再担任出纳职务。

（3）因病假、事假或临时调用，不能继续从事出纳工作。

（4）因特殊情况，如停职审查等，按规定不宜继续从事出纳工作。

（5）上述被代理人员回到原出纳岗位恢复工作时。

（6）企业因其他情况按规定应办理出纳交接工作的，如企业解散、破产、兼并、合并、分立等情况发生时，出纳人员应向接收单位或清算组移交相关资料。

第二节 出纳工作交接程序

《会计法》第四十一条规定：“会计人员调动工作或离职，必须与接管人员办清交接手续。一般会计人员办理交接手续，由会计机构负责人（会计主管人员）监交；会计机构负责人（会计主管人员）办理交接手续，由单位负责人监交，必要时主管单位可以派人会同监交。”出纳人员的工作交接要按《会计法》的规定进行，出纳人员在调动工作或者离职时，要与接管人员办理交接手续，这是出纳人员对工作应尽的职责，也是分清移交人员和接管人员责任的重要措施。办好交接工作，可使会计工作前后衔接，保证会计工作的顺利进行，也可以防止账目不清、财务混乱，给不法分子造成可乘之机。

一、交接前的准备工作

1. 移交人员交接前的准备工作

（1）将已经受理的经济业务处理完毕。

（2）将尚未登记账目的登记完毕，结出余额，并在最后一笔余额后加盖出纳人员名章。

（3）整理应该移交的各种资料，对未了事项和遗留问题要写出书面说明材料。

（4）编制移交清册，将要办理移交的账簿、印鉴、现金、有价证券、支票簿、发票、文件、其他物品等内容列清；实行电算化的单位，移交人员还应在移交清册上列明会计软件及密码、数据盘、磁带等内容。

（5）出纳账与现金和银行存款总账核对相符，现金日记账余额要与库存现金一致，银行存款日记账金额要与银行对账单一致。

（6）在现金和银行存款日记账扉页的启用表上填写移交日期，并加盖名章。

小贴士

“移交清册”包括移交表和交接说明书两部分。移交表有“库存现金移交表”“银行存款移交表”“有价证券、贵重物品移交表”“核算资料移交表”“物品移交表”。其中，“银行存款移交表”应根据开户银行、币种、期限、账面数、实有数分别填列。

有价证券、贵重物品在单位里归出纳保管，出纳工作交接时在对其进行清理核对后，按名称、购入日期、数量、金额等填入“有价证券、贵重物品移交表”。

“交接说明书”是把移交表中无法列入或尚未列入的内容做具体说明的文件。该说明书应包括：交接日期、交接双方及监交人员的职务和姓名、移交清册页数、需要说明的问题和意见。

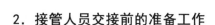

2. 接管人员交接前的准备工作

接管人员在交接前应做好接替准备，尤其是做好存款印鉴更换准备工作，便于接任后可以立即开始工作。

二、交接时的工作

出纳人员离职前必须将本人经管的出纳工作，在规定的期限内，全部向接管人员移交清楚。接管人员应认真按照移交清册逐项点收，具体要求是：

（1）需要核对的资金项目包括库存现金、银行存款、理财产品。库存现金包括手中现金及在第三方支付平台持有的现金，如支付宝、微店等平台。理财产品包括银行理财、余额宝等其他投资理财产品。以上资金项目（除了库存现金外）皆需截图作为附件，并能清晰地看到余额和截图时间；库存现金用现金盘点表（见表 2-2）确认核对，核对账面（现金、银行存款日记账）与实际余额是否一致。库存现金要根据日记账余额当面点交，不得短缺，接管人员发现不一致或“白条抵库”现象时，移交人员在规定的期限内负责查清。

（2）有价证券要根据备查簿余额进行点收，若出现有价证券面额与发行价不一致时，要按账面金额交接。

（3）需要移交的账务资料包括库存现金、银行存款日记账，人力成本资料，财务报告，免税资格核准资料等材料。人力成本资料包括工资表、社保资料、住房公积金资料。财务报告包括年度/项目审计报告、企业所得税汇算清缴鉴证报告等。出纳账和其他会计资料必须完整无缺，不得遗漏。如有短缺，须查明原因，并在移交清册上注明由移交人负责。

（4）银行存款账户要与银行对账单核对一致，出纳人员在办理交接前，须向银行申请打印对账单，如存在有未达账项，还需编制银行存款余额调节表，调整相符。

（5）需交接的票据包括增值税普通发票、增值税专用发票、公益事业捐赠专用收据、社会团体会费统一收据、行政事业单位往来结算票据、普通收据（两联/三联）、现金支票、转账支票等。同时，需列明其情况，如：已核销/作废、正在使用、剩余情况等。

需交接的实物包括：与银行业务相关的回单箱卡、银行 U 盾、财务章等；与税务业务相关的数字证书、开票税控盘、发票专用章等。

接管人员按移交清册点收应由出纳人员保管的其他财产物资，如人名章、收据、空白支票、科目印章、支票专用章等。

（6）实行电算化的单位，交接双方应在计算机上对有关数据进行实际操作，确认有关数据无误后，方可交接。

三、交接结束

出纳工作交接完毕后，交接双方和监交人员要在移交清册上签名盖章，并在移交清册上注明单位名称、交接日期、交接双方和监交人的职务与姓名、移交清册页数及需要说明的问题和意见等。

接管人员应继续使用移交前的账簿，不得擅自另立账簿，以保证会计记录前后衔接，内容完整。

移交清册填制一式三份，交接双方各持一份，存档一份。

第三节　出纳工作交接实例

1. 账簿移交

原出纳高小姐制作了一份出纳账簿移交表，见表 2-1。出纳账簿移交表注明了两种明细日记账的数量，移交表中的备注栏一般是确定余额相符后，再写上余额相符。列明移交的账务资料的时间段，如：2011 年 1 月 1 日至 2021 年 4 月 12 日。最后由移交人、接管人和监交人三方签字。

表 2-1　出纳账簿移交表

年　月　日至　　年　月　日

名称	数量	备注
现金日记账	1	余额相符
银行存款日记账	1	余额相符
小计	2	

移交人：　　　　接管人：　　　　监交人：

2. 核对资金余额

原出纳高小姐制作了一份现金盘点表，见表 2-2。孙经理先核对了账面余额，并表示准确无误，然后让沙出纳把现金日记账的余额和表中的账面余额相核对，确认后，由沙出纳在移交表中的现金日记账的说明栏写上了“余额相符”的字样。然后根据单据核对未入账收入和未入账支出，这就要看单据。高小姐从保险柜中将收支单据取出来，此时收入和支出已经分好类了，高小姐拿出计算器，一张张加给沙出纳看，然后又让沙出纳自己一张张计算，看有没有出入。认真复核了两遍，得出了相符的结论。

孙经理告诉沙出纳，公司规定出纳的备用金额度是一万元，发工资的时候除外，其他时候，超过一万元，都要存入银行。出纳每天编制现金日报表时，应该没有未入账的收入和未入账的支出。移交表上的未入账收入和未入账支出都是昨天快要下班时发生的业务，高小姐已经编制好日报表，所有收支单据都已经交给孙经理。

接下来是核对现金余额。高小姐将百元的钞票放在一起，五十元的、二十元的、十元的、五元的，一一分类，先用点钞机过一遍，再用手点一遍。点过钞票后，高小姐用计算器加总，总额和移交表上的数额相符。高小姐将钞票交给沙出纳，沙出纳照样清点两遍，然后汇总，确认无误。

表 2-2　现金盘点表

单位名称：　　　　**样　本**

币种：　　　　盘点日期：　　年　　月　　日

现金清点情况			账目核对		
面额	张数	金额	项目	金额	说明
100 元			盘点日账户余额		
50 元			加：收入未入账		
20 元					
10 元			加：未填凭证收款据		
5 元					
2 元					
1 元			减：付出凭证未入账		
5 角			减：未填凭证付款据		
2 角					
1 角					
5 分			调整后现金余额		
2 分			实点现金		
1 分			长款		
合计			短款		

调整事项处理意见：

财务负责人：　　　　盘点负责人：　　　　出纳：

3. 实物票证移交

原出纳高小姐制作了一份实物票证移交表，见表 2-3。沙出纳依表边清点边核对，此时高小姐嘱咐道，如果支票开错了，一定要写上“作废”，并将作废的支票和支票存根一起保存，不能随意撕毁。支票和收据都是重要票证，一定要妥善保管。

财务专用章、法人代表章，共二枚。办公室的钥匙、保险柜的钥匙，共二把。高小姐一一清点后交给沙出纳，沙出纳再次清点确认后，三方签字。

高小姐教会沙出纳怎样开保险柜，怎样锁保险柜，以及怎样更改保险柜密码后，又将计算机密码告知，然后让计算机重新启动，由沙出纳自己输入密码，成功开机、交接。支付宝、电子税务等软件也顺利完成了交接。

表 2-3　实物票证移交表

增值税普通发票/增值税专用发票	1．发票使用登记表（××××年度）
	2．发票领购簿：作废一本，正在使用一本
	3．空白发票（编号截至××××），剩余××××至××××，共××张发票
	4．已开发票，待处理（入账/作废/提供给客户等）：编号××至××，共××份发票
	5．发票存根：编号为××至××，共××份
公益事业捐赠专用收据	1．捐赠票据使用登记表（××××年度）
	2．公益事业捐赠专用收据本
	3．空白票：编号××至××，共××份
	4．已开票，待处理（入账/作废/提供给客户等）：编号××至××，共××份捐赠收据（每年1月核销上年度的捐赠收据和领购新一年度收据）
现金支票	1．已用××张
	2．未用××张　票号：××至××
转账支票	1．已用××张
	2．未用××张，票号：××至××
收款收据	1．已用××张
	2．未用××张
财务印章	财务专用章
	法人代表章
钥匙	办公室钥匙
	保险柜钥匙
密码	保险柜密码
	办公电脑密码
支付宝	账号：　　　　　　密码：
银行U盾	账号：　　　　　　密码：
电子办税服务厅	账号：　　　　　　密码：
开票税控盘	账号：　　　　　　密码：

移交人：　　　　　　　　　　接管人：　　　　　　　　　　监交人：

等高小姐走后，孙经理对沙出纳说："小沙，出纳移交是财务移交中的一个重要部分，必须要有会计和财务负责人现场监交，这是财务纪律，是对移交人和接管人负责，也是对公司财务负责，移交后的资料要存档。"

交接完后，沙出纳对交接工作做了总结：交接交接，一交一接。交接哪些？一交账，二交钱，三交票证与实物，印章、密码与钥匙，保管保密紧相连。

课后习题

一、单选题

1．以下不属于出纳人员应办理工作交接手续的情况是（　　）。

A．出纳人员离职　　　　　　　　B．出纳人员休产假

C．出纳人员临时外出办理业务　　D．出纳人员调离出纳工作岗位

2. 出纳人员进行出纳工作交接时，应填制移交清册，移交清册的份数是（ ）。

A. 一式一份 B. 一式两份 C. 一式三份 D. 一式四份

3. 不需要在移交清册上签名或盖章的人是（ ）。

A. 监交人 B. 接管人 C. 移交人 D. 制单会计

二、多选题

1. 出纳工作交接应包括的内容有（ ）。

A. 财产与物资 B. 电算化资料

C. 业务资料 D. 其他

2. 会计人员办理交接手续，必须有监交人负责监交。一般会计人员交接，由（ ）负责监交。

A. 会计主管 B. 会计机构负责人

C. 其他会计人员 D. 出纳

3. 以下属于出纳工作交接的具体内容的有（ ）。

A. 出纳账簿 B. 财务印章

C. 空白支票 D. 保险柜钥匙及各种密码

三、判断题

1. 银行存款账户余额要与银行对账单核对。在核对时如发现疑问，移交人和接管人一起编制银行存款余额调节表，调节相符即可。（ ）

2. 出纳人员工作调动或者因故离职，必须将本人所经管的会计工作全部移交给接管人员。没有办清交接手续的，不得调动或者离职。（ ）

3. 对于出纳账簿等会计档案的交接，只需移交当年档案，如有以前年度尚未销毁的会计档案，直接封存即可。（ ）

四、实训题

目的：掌握出纳工作交接的流程。

要求：根据所给交接书示例，请分组练习交接步骤并写出出纳工作交接报告。

资料：原出纳员小王，因工作调动，财务处已决定将其负责出纳工作移交给小李接管。现办理如下交接：

1. 交接日期：2021 年 12 月 15 日

2. 具体业务的移交：

（1）库存现金：12 月 15 日账面余额 11 951 元，实存相符，月记账余额与总账相符。

（2）库存国库券：478 000 元，经核对无误。

（3）银行存款账面余额 1 000 万元，与编制的“银行存款余额调节表”核对相符。

3. 移交的会计凭证、账簿、文件：

（1）本年度现金日记账一本。

（2）本年度银行存款日记账两本。

（3）空白现金支票××张（××号至××号）。

（4）空白转账支票××张（××号至××号）。

（5）托收承付登记簿一本。

（6）付款委托书一本。

（7）信汇登记簿一本。

（8）金库暂存物品明细表一份，与实物核对相符。

（9）银行对账单1～11月份11本，11月份未达账项说明一份。

4．印鉴：

（1）××公司财务处转讫印章一枚。

（2）××公司财务处现金收讫印章一枚。

（3）××公司财务处现金付讫印章一枚。

5．交接前后工作责任的划分：2021年12月15日前的出纳责任事项由小王负责；2021年12月15日起的出纳工作由小李负责。以上移交事项均经交接双方认定无误。

6．本移交书一式三份，双方各执一份，存档一份。

移交人：小王（签名盖章）

接管人：小李（签名盖章）

监交人：孙经理（签名盖章）

××有限责任公司财务处（公章）

2021年12月15日

第三章 3

出纳基本技能

问题引入

记账员朱八戒去找财务唐总监抱怨道："总监啊，怎么好事全给沙出纳了，您看看，人民币归他管、印章也归他管……"

唐总监看着记账员朱八戒，温和地说："朱老弟，你也想管？那好，那你说说咱们公司都有哪些印章呀？"

记账员朱八戒着急地说："这我哪知道，这我也见不着啊，等我管这个了，肯定好好给您说说……"

学习目标

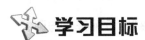

能够正确书写票据金额和日期
能够保管好印章
会办理印章挂失
能够更换预留银行印鉴
能够达到点钞技能要求
掌握点钞机用法
掌握第五套人民币 100 元的防伪特征
掌握如何识别、发现伪造币及变造币
掌握怎样兑换、处理残币

第一节　数字和日期的书写规范

会计书写规范是指出纳人员在经济业务活动的确认、计量和报告中，对数字和文字的一种规范化书写以及书写方法。书写规范是衡量会计人员素质高低的标准之一。

一、数字小写的书写规范

阿拉伯数字应当一个一个地写，不得连笔。字体上端向右倾斜 30° 左右为宜，字体高度不要超过行高的 1/2，要求字迹工整，大小均匀，清晰美观。

在印有数位线的凭证、账簿、报表上，每一格只能书写一个数字，不得几个字挤在一个格子里，也不得在数字中间留有空格。

6、8、9、0 等带有圆圈的数字，圆圈必须封口；“6”字要比一般数字高出 1/4，“7”和“9”字要向下（过底线）超出 1/4，具体书写规范如图 3-1 所示。

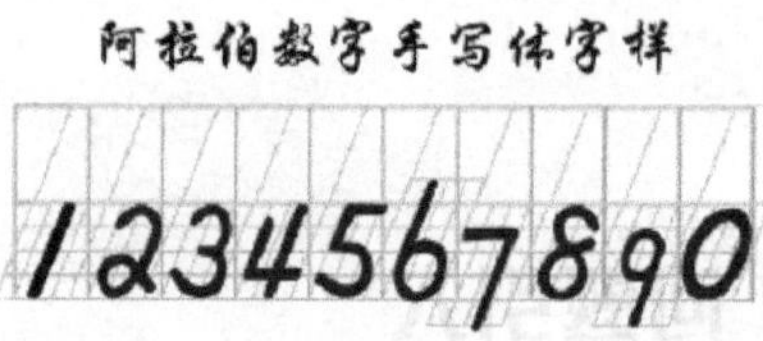

图 3-1　数字小写书写字样

二、数字大写的书写规范

中文大写数字主要有零、壹、贰、叁、肆、伍、陆、柒、捌、玖、拾、仟、万、亿、元、角、分、整（正）。中文大写数字用于填写防止涂改的银行结算凭证、收据等，书写时除满足文字书写基本要求外，还要求不能写错。如写错，则必须作废重写。

三、大小写金额的书写规范

阿拉伯金额数字前面应当书写货币币种符号，如人民币符号“¥”。币种符号与阿拉伯金额数字之间不得留有空白。凡阿拉伯数字前面写有币种符号的，数字后面不再写币种单位。

所有以元为单位的阿拉伯数字，除表示单价等情况外，一律填写到角分；无角分的，角位和分位可写“00”，或者符号“-”；有角无分的，分位应当写“0”，不得用符号“-”代替；只有分位金额的，在元和角位上各写一个“0”字，并在元和角之间点一个小数点，如“¥0.06”；元以上每三位要空出半个阿拉伯数字的位及书写，如¥300 248 120.06。也可以以三位一节用“分位号”分开，如¥300,248,120.06。在有数位线的凭证和账表上书写数字，应对应固定的数位填写，不得错位。其中：只有分位金额的，在元和角位上均不得写“0”字；只有角位和分位金额的，在元位上也不得写“0”字；分位是“0”的，在分位必须写“0”，角、分位都是“0”的，在角、分位各写一个“0”字，不得用“-”代替。

示例 1．小写金额为 6 500 元。

正确写法：人民币陆仟伍佰元整。

错误写法：人民币：陆仟伍佰元整。错误原因：“人民币”后面多一个冒号。

示例 2. 小写金额为 105 000.00 元。

正确写法：人民币壹拾万伍仟元整。或者写成：人民币壹拾万零伍仟元整。

错误写法：人民币拾万伍仟元整。错误原因：漏记“壹”字。

示例 3. 小写金额 60 036 000.00 元。

正确写法：人民币陆仟零叁万陆仟元整。

错误写法：人民币陆仟万零叁万陆仟元整。错误原因：多写一个“万”字。

示例 4. 小写金额 35 000.96 元。

正确写法：人民币叁万伍仟元零玖角陆分。

错误写法：人民币叁万伍仟零玖角陆分。错误原因：漏写一个“元”字。

示例 5. 小写金额 150 001.00 元

正确写法：人民币壹拾伍万零壹元整。

错误写法：人民币壹拾伍万元另壹元整。错误原因：将“零”写成“另”，多出一个“元”字。

四、票据日期的书写

票据的出票日期必须使用中文大写。为防止变造票据的出票日期，在填写月、日时，月为壹、贰和壹拾的，日为壹至玖和壹拾、贰拾和叁拾的，应在其前加“零”；日为拾壹至拾玖的，应在其前面加“壹”。如 1 月 15 日，应写成零壹月壹拾伍日。再如 10 月 20 日，应写成零壹拾月零贰拾日。如 2020 年 8 月 8 日，填写票据时必须写成贰零贰零年零捌月零捌日。

第二节　印章使用规定

印鉴是为了防止假冒、辨别真伪，在支付款项的开户银行内预留供核对印章的依据，是企业财权证书，代表单位支配资金的权利。因此，印鉴的管理既要有利于工作，又要便于分清责任。

一、印鉴的由来

在实际工作中，由于会计制度对印章的保管和使用没有明确的规定，所以用法各异。有的是三枚印章，有的是单位公章，有的是财务印章；有的是分开保管，有的是出纳“包管”等。为了便于印鉴的核对，减少柜面的工作压力，根据中国人民银行的规定，单位预留印鉴原则上为单位财务专用章，出纳和单位财务负责人各一枚。

不过从企业角度出发，银行印鉴还是以三枚为好，从左至右分别为本企业的财务专用章、分管财务负责人的名章、出纳经办人员的名章。在规格上也应从左至右由大到小，以显得美观。章迹要端庄秀丽，章迹很粗或篆体字都不适宜。选用这三枚印章作为印鉴，是因为其各有具体的用途。财务专用章，是代表企业行使财权的公章，同时也能代表会计部门；分管领导名章，表明企业领导人员之间的明确分工，一旦出现问题，首先应当追究分管领导的个人责任；出纳经办人员的名章，表明在会计人员中也有明确的分工，谁经手、谁负责。如有工作变动，则应随时更换印鉴，以分清责任。这样，三枚印章能够完整地担当起银行印鉴应发挥的作用。试想，如果像有些单位那样，没有出纳人员的印章，那么，发生经办人员更迭就难以分清责任，特别是在前后任何交接期间，往往会出现差错，甚至会产生漏洞。

二、印章的保管

实际操作中也有很多做法。一般情况下，由出纳人员保管自己的名章，由复核人员保管其余两枚印章的做法为妥。这样做，既有利于互相监督，又便于明确责任。之所以说是互相监督而不是互相牵制，是因为万一两人中有一人外出时，可以临时加盖几张印章齐备的支票，供一方先行使用，待一方回来后再做工作交接，这样，就不至于影响正常工作的开展了。

支票印章一般应由会计主管人员或指定专业人员保管，支票和印章必须由两人分别保管。负责保管的人员不得将印章随意存放或带出工作单位。各种印章应与现金的保管相同，不得随意放入抽屉内保管，这样极易使违法违纪人员有机可乘，给国家和单位造成不必要的经济损失。

在印章的保管方面，特别要提醒一下，企业在建立会计档案的时候，其中应包括企业印章档案的内容，载明印章印模、启用日期、注销日期、开户银行、账号性质、复核人员姓名等以备查考。

三、印章的使用

出纳人员离任时，接替人员应尽早做好接替准备。特别是做好存款印鉴的更换准备，以便到任后就能开始工作。银行存款及有关票据、票证的移交以及更换印鉴时，接替人应首先进行银行存款日记账与银行存款对账单的核对，交接双方有疑问要一同到开户银行复核，核对无误后，再移交票据、票证，同时更换预留在银行的私人印鉴。

需要签发支票付款时，一般先由出纳人员根据支票管理制度的规定，填写好票据，盖上出纳人员名章，然后交复核人员审查该付款项目是否列入了开支计划，是否符合开支规定，如无不妥，则加盖其余印章正式签发。这样，也就真正起到了付款时的复核作用。

四、印章的挂失与更换

各单位预留银行印鉴的印章遗失时，应当出具公函，填写“更换印鉴申请书”，由开户银行办理更换印鉴手续。遗失个人名章的由开户单位备函证明，遗失单位公章的由上级主管单位备函证明。经银行同意后按规定办法更换印鉴，并在新印鉴卡上注明情况。

各单位因印章使用日久发生磨损，或者改变单位名称、人员调动等原因需要更换印鉴时，应填写“更换印鉴申请书”，由开户银行发给新印鉴卡。单位应将原印章盖在新印鉴卡的反面，将新印章盖在新印鉴卡的正面，并注明启用日期，交开户银行。在更换印鉴前签发的支票仍然有效。

第三节 第五套人民币鉴别

根据中华人民共和国第 268 号国务院令，中国人民银行于 1999 年 10 月 1 日起在全国陆续发行第五套人民币。第五套人民币有 100 元、50 元、20 元、10 元、5 元、1 元、5 角和 1 角八种面额。第五套人民币采取“一次公布，分次发行”的方式。1999 年 10 月 1 日，首先发行了 100 元纸币、1 元和 1 角硬币；2000 年 10 月 16 日发行了 20 元纸币；2001 年 9 月 1 日，发行了 50 元、10 元纸币；2002 年 11 月 18 日，发行了 5 元纸币、5 角硬币；2004 年 7 月 30 日，发行了 1 元纸币。为提高第五套人民币的印刷工艺和防伪技术水平，经国务院批准，中国人民银行于 2005 年 8 月 31 日发行了第五套人民币 2005 年版 100 元、50 元、20 元、10 元、5 元纸币和不锈钢材质 1 角硬币。第五套人民币 1 角硬币材质由铝合金改为不锈钢，色泽为钢白色，正面为“中国人民银行”“1 角”和汉语拼音字母“YIJIAO”及年号。2019 年 8 月 30 日，又发行 2019 年版第五套人民币 50 元、20 元、10 元、1 元纸币和 1 元、5 角、1 角硬币。第五套人民币标准尺寸见表 3-1。

表 3-1 第五套人民币标准尺寸

面值	类别	大小（单位：毫米）
100 元	纸币	长 155 宽 77
50 元	纸币	长 150 宽 70
20 元	纸币	长 145 宽 70
10 元	纸币	长 140 宽 70
5 元	纸币	长 135 宽 63
1 元	纸币	长 130 宽 63
1 元	硬币	直径 25
5 角	硬币	直径 20.5
1 角	硬币	直径 19

一、第五套人民币的防伪措施

1. 2015 年版第五套人民币 100 元纸币的防伪措施

2015 年版第五套人民币 100 元纸币如图 3-2、图 3-3 所示。

图 3-2 2015 年版第五套人民币 100 元纸币正面

图 3-3 2015 年版第五套人民币 100 元纸币背面

（1）光彩光变面额数字。位于票面正面中部。改变钞票观察角度，面额数字“100”的颜色在金色和绿色之间变化，并可见一条亮光带上下滚动。

（2）光变镂空开窗安全线。位于票面正面右侧。改变钞票观察角度，安全线颜色在红色和绿色之间变化。透光观察可见“¥100”。

（3）雕刻凹印。票面正面毛泽东头像、国徽、“中国人民银行”行名、装饰团花、右上角面额数字、盲文面额标记及背面主景等均采用雕刻凹版印刷，触摸有凹凸感。

（4）人像水印。位于票面正面左侧。透光观察，可见毛泽东头像水印。

（5）白水印。位于票面正面左侧下方。透光观察，可见面额数字“100”。

（6）胶印对印图案。票面正面左下角和背面右下角均有面额数字“100”的局部图案。透光观察，正背面图案组成一个完整的面额数字“100”。

2. 2019 年版第五套人民币 50 元纸币防伪措施

2019 年版第五套人民币 50 元纸币如图 3-4、图 3-5 所示。

图 3-4　2019 年版第五套人民币 50 元纸币正面

图 3-5　2019 年版第五套人民币 50 元纸币背面

（1）光彩光变面额数字。位于票面正面中部。改变钞票观察角度，面额数字“50”的颜色在绿色和蓝色之间变化，并可见一条亮光带上下滚动。

（2）光变镂空开窗安全线。位于票面正面右侧。改变钞票观察角度，安全线颜色在红色和绿色之间变化，亮光带上下滚动。透光观察可见“¥50”。

（3）雕刻凹印。票面正面毛泽东头像、国徽、“中国人民银行”行名、装饰团花、右上角面额数字、盲文面额标记及背面主景等均采用雕刻凹版印刷，触摸有凹凸感。

（4）人像水印。位于票面正面左侧。透光观察，可见毛泽东头像水印。

（5）白水印。位于票面正面左侧下方。透光观察，可见面额数字“50”。

（6）胶印对印图案。票面正面左下角和背面右下角均有面额数字“50”的局部图案。透光观察，正背面图案组成一个完整的面额数字“50”。

3. 2019 年版第五套人民币 20 元纸币防伪措施

2019 年版第五套人民币 20 元纸币如图 3-6、图 3-7 所示。

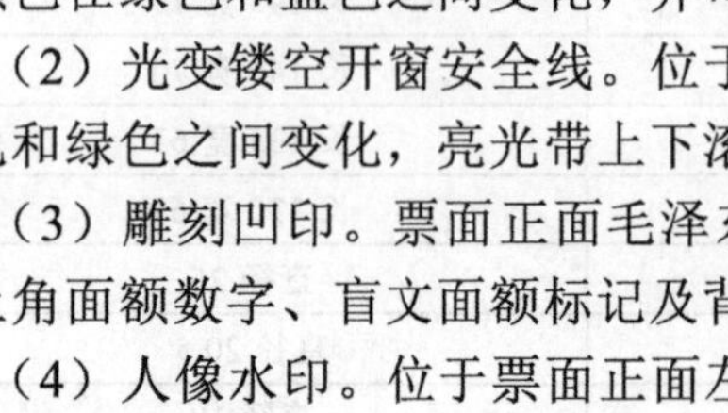

图 3-6　2019 年版第五套人民币 20 元纸币正面

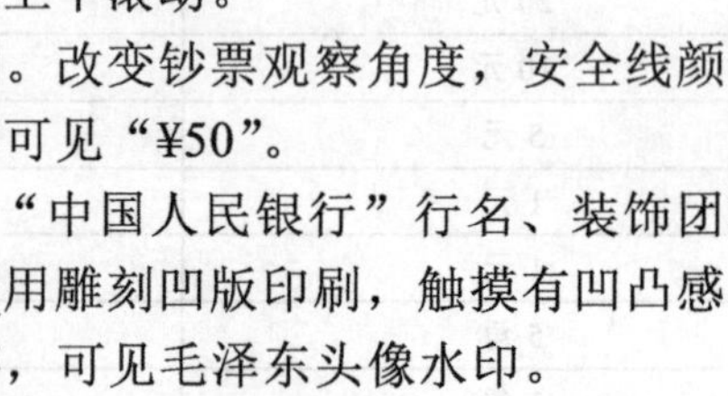

图 3-7　2019 年版第五套人民币 20 元纸币背面

（1）光彩光变面额数字。位于票面正面中部。改变钞票观察角度，面额数字“20”的颜色在金色和绿色之间变化，并可见一条亮光带上下滚动。

（2）光变镂空开窗安全线。位于票面正面右侧。改变钞票观察角度，安全线颜色在红色和绿色之间变化。透光观察可见“¥20”。

（3）雕刻凹印。票面正面毛泽东头像、国徽、“中国人民银行”行名、装饰团花、右上角面额数字、盲文面额标记及背面主景等均采用雕刻凹版印刷，触摸有凹凸感。

（4）花卉水印。位于票面正面左侧。透光观察，可见花卉图案水印。

（5）白水印。位于票面正面左侧下方。透光观察，可见面额数字“20”。

（6）胶印对印图案。票面正面左下角和背面右下角均有面额数字“20”的局部图案。透光观察，正背面图案组成一个完整的面额数字“20”。

4. 2019 年版第五套人民币 10 元纸币防伪措施

2019 年版第五套人民币 10 元纸币如图 3-8、图 3-9 所示。

图 3-8 2019 年版第五套人民币 10 元纸币正面

图 3-9 2019 年版第五套人民币 10 元纸币背面

（1）光彩光变面额数字。位于票面正面中部。改变钞票观察角度，面额数字“10”的颜色在绿色和蓝色之间变化，并可见一条亮光带上下滚动。

（2）光变镂空开窗安全线。位于票面正面右侧。改变钞票观察角度，安全线颜色在红色和绿色之间变化。透光观察可见“¥10”。

（3）雕刻凹印。票面正面毛泽东头像、国徽、“中国人民银行”行名、装饰团花、右上角面额数字、盲文面额标记及背面主景等均采用雕刻凹版印刷，触摸有凹凸感。

（4）花卉水印。位于票面正面左侧。透光观察，可见花卉图案水印。

（5）白水印。位于票面正面左侧下方。透光观察，可见面额数字“10”。

（6）胶印对印图案。票面正面左下角和背面右下角均有面额数字“10”的局部图案。透光观察，正背面图案组成一个完整的面额数字“10”。

5. 2005 年版第五套人民币 5 元纸币防伪措施

2005 年版第五套人民币 5 元纸币如图 3-10、图 3-11 所示。

图 3-10 2005 年版第五套人民币 5 元纸币正面

图 3-11 2005 年版第五套人民币 5 元纸币背面

（1）全息磁性开窗安全线。正面中间偏左，有一条开窗安全线，开窗部分可以看到由缩微字符“¥5”组成的全息图案，仪器检测有磁性。

（2）雕刻凹印。票面正面主景毛泽东头像、“中国人民银行”行名、面额数字、盲文面额标识和背面主景“泰山”图案等均采用雕刻凹版印刷，触摸有凹凸感。

（3）花卉水印。位于票面正面左侧，透光观察，可见花卉图案水印。

（4）白水印。位于票面正面左侧下方。透光观察，可见面额数字“5”。

（5）胶印缩微文字。票面正面上方胶印图案中，多处印有胶印缩微文字，在放大镜下可看到“RMB 5”和“5”字样。

（6）隐形面额数字，票面正面右上方有一装饰图案，将票面置于与眼睛平行的位置，面对光源做上下倾斜晃动，即可看到面额数字“5”字样。

6．2019 年版第五套人民币 1 元纸币钞票特征

2019 年版第五套人民币 1 元纸币如图 3-12、图 3-13 所示。

图 3-12　2019 年版第五套人民币 1 元纸币正面

图 3-13　2019 年版第五套人民币 1 元纸币背面

（1）雕刻凹印。票面正面毛泽东头像、国徽、“中国人民银行”行名、装饰团花、右上角面额数字、盲文面额标记等均采用雕刻凹版印刷，触摸有凹凸感。

（2）花卉水印。位于票面正面左侧。透光观察，可见花卉图案水印。

（3）白水印。位于票面正面左侧下方。透光观察，可见面额数字“1”。

7．第五套人民币硬币特征

（1）2019 年版第五套人民币 1 元硬币。

2019 年版第五套人民币 1 元硬币保持 1999 年版第五套人民币 1 元硬币外形、外缘特征、“中国人民银行”行名、汉语拼音面额、人民币单位、花卉图案、汉语拼音行名等要素不变，调整了正面面额数字的造型，背面花卉图案适当收缩，直径由 25 毫米调整为 22.25 毫米。正面面额数字“1”轮廓线内增加隐形图文“¥”和“1”，边部增加圆点。材质保持不变。2019 年版第五套人民币 1 元硬币如图 3-14 所示。

图 3-14　2019 年版第五套人民币 1 元硬币

主要防伪特征：

1）隐形图文。在硬币正面面额数字轮廓线内，有一组隐形图文“¥”和“1”。转动硬币，从特定角度可以观察到“¥”，从另一角度可以观察到“1”。

2）外缘滚字。在硬币外缘的圆柱面，有等距离分布的三组字符“RMB”。

（2）2019 年版第五套人民币 5 角硬币。

2019 年版第五套人民币 5 角硬币保持 1999 年版第五套人民币 5 角硬币外形、外缘特征、“中国人民银行”行名、汉语拼音面额、人民币单位、花卉图案、汉语拼音行名等要素不变，调整了正面面额数字的造型，背面花卉图案适当收缩。材质由钢芯镀铜合金改为钢芯镀镍，色泽由金黄色改为镍白色。正背面内周缘由圆形调整为多边形。直径保持不变。2019 年版第五套人民币 5 角硬币如图 3-15 所示。

图 3-15　2019 年版第五套人民币 5 角硬币

主要防伪特征：

间断丝齿。在硬币外缘的圆柱面，共有六个丝齿段，每个丝齿段有八个齿距相等的丝齿。

（3）2019 年版第五套人民币 1 角硬币。

2019 年版第五套人民币 1 角硬币保持 2005 年版第五套人民币 1 角硬币外形、外缘特征、“中国人民银行”行名、汉语拼音面额、人民币单位、花卉图案、汉语拼音行名等要素不变，调整了正面面额数字的造型，背面花卉图案适当收缩。正面边部增加圆点。直径和材质保持不变。2019 年版第五套人民币 1 角硬币如图 3-16 所示。

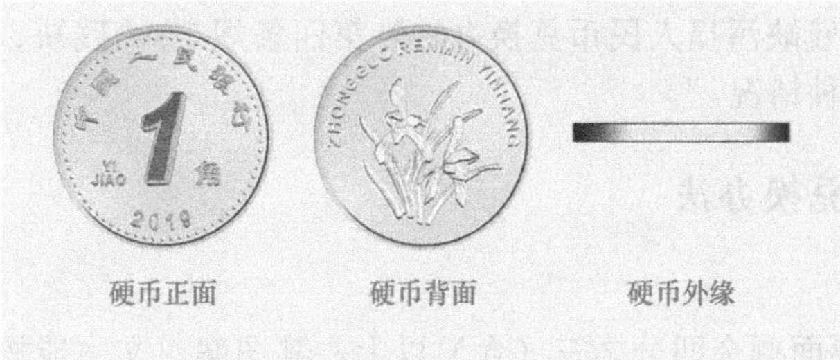

图 3-16　2019 年版第五套人民币 1 角硬币

二、假币

1. 假币的概念和分类

假币是指伪造、变造的货币。假币按照其制作方法和手段，大体可分为两种类型，即伪造币和变造币。

伪造币是依照人民币真钞的用纸、图案、水印、安全线等的原样，运用各种材料、器具、设备、技术手段模仿制造的人民币假钞。伪造币按其伪造的手段不同，又可分为手工的、机制的、拓印的、复印的等类别。

变造币是利用各种形式、技术、方法等，对人民币真钞进行加工处理，改变其原有形态，并使其升值的人民币假钞。变造币按其加工方法的不同，又可分为涂改的、挖补剪贴的、剥离揭页的等类别。

2．假币的收缴

金融机构在办理业务时发现假币，由该金融机构两名以上业务人员当面予以收缴。对假人民币纸币，应当面加盖“假币”字样的戳记；对假外币纸币及各种假硬币，应当面以统一格式的专用袋加封，封口处加盖“假币”字样戳记，并在专用袋上标明币种、券别、面额、张（枚）数、冠字号码、收缴人名章、复核人名章等细项。收缴假币的金融机构（以下简称“收缴单位”）向持有人出具中国人民银行统一印制的“假币收缴凭证”，并告知持有人如对被收缴的货币真伪有异议，可向中国人民银行当地分支机构或中国人民银行授权的当地鉴定机构申请鉴定。收缴的假币，不得再交予持有人。金融机构对收缴的假币实物进行单独管理，并建立假币收缴代保管登记簿。

金融机构在收缴假币过程中有下列情形之一的，应当立即报告当地公安机关，提供有关线索：

（1）一次性发现假人民币 20 张（枚）（含 20 张、枚）以上、假外币 10 张（含 10 张、枚）以上的。

（2）属于利用新的造假手段制造假币的。

（3）有制造贩卖假币线索的。

（4）持有人不配合金融机构收缴行为的。

三、残缺污损人民币的兑换

《中国人民银行残缺污损人民币兑换办法》第四条规定：“残缺、污损人民币兑换分‘全额’‘半额’两种情况。”

（一）纸币的兑换办法

1．全额兑换

能辨别票面，票面剩余四分之三（含）以上，其图案、文字能按原样连接的残缺、污损人民币，金融机构应向持有人按原面额全额兑换。人民币全部兑换示例如图 3-17 所示。

2．半额兑换

（1）能辨别面额，票面剩余二分之一（含二分之一）至四分之三以下，其图案、文字能按原样连接的残缺、污损人民币（如图 3-18 所示），只能按面额的一半兑换。

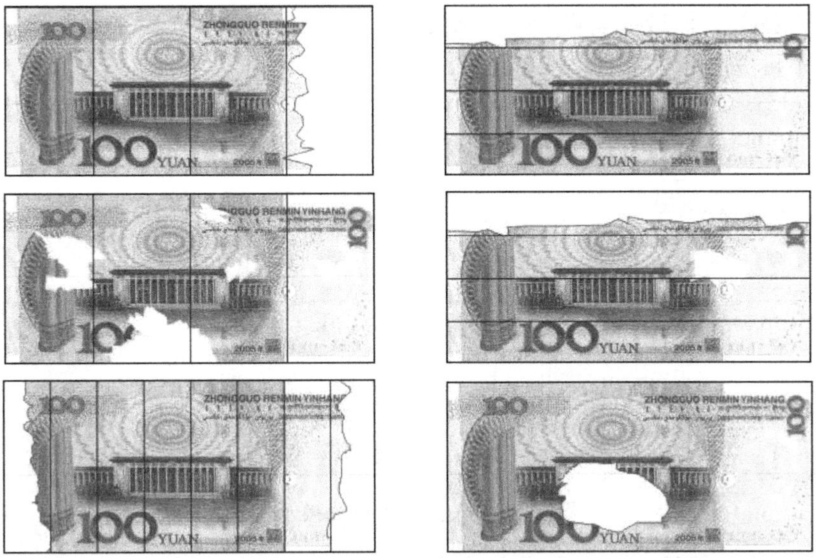

图 3-17 人民币全额兑换示例

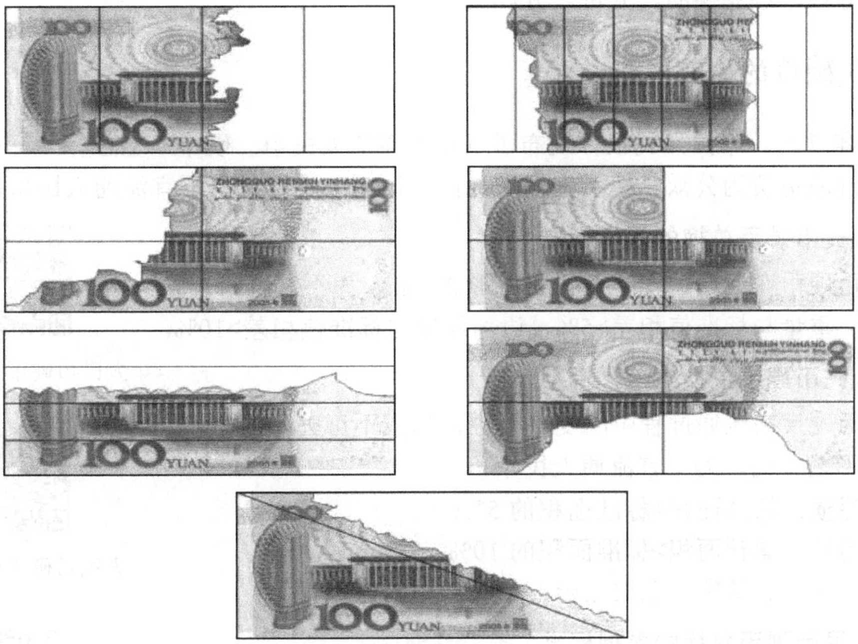

图 3-18 人民币半额兑换示例 1

（2）纸币呈正十字形缺少四分之一的（如图 3-19 所示），按原面额的一半兑换。

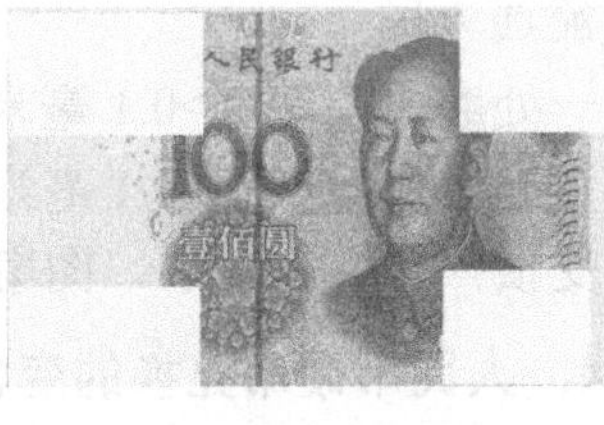

图 3-19 人民币半额兑换示例 2

3. 不可兑换

（1）票面残损二分之一以上。

（2）票面污损、熏焦、水浸、油浸、变色，不能辨别真假者。

（3）故意挖补、涂改、剪贴拼凑、揭去一面的。

人民币不可兑换示例如图 3-20 所示。

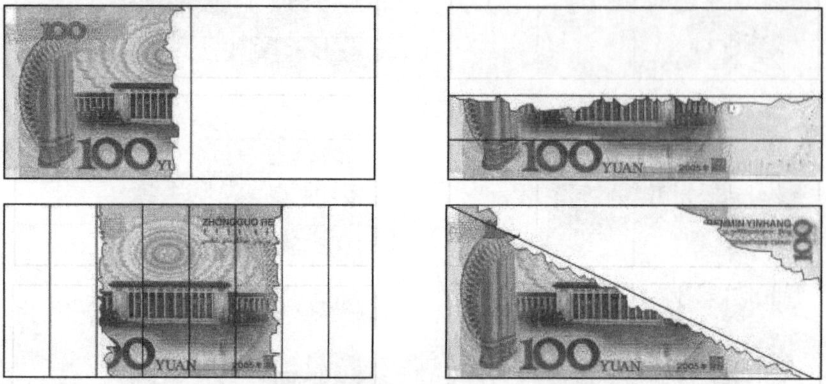

图 3-20　人民币不可兑换示例

《中国人民银行残缺污损人民币兑换办法》第五条规定：“兑付额不足一分的，不予兑换；五分按半额兑换的，兑付二分。”

（二）硬币的兑换办法

2018 年 7 月，中国人民银行发布了《不宜流通人民币　硬币》金融行业标准。按照规定，银行应免费为公众兑换不宜流通人民币硬币，不得付出不宜流通人民币硬币。

1. 人民币硬币兑换的规格标准

人民币硬币在流通过程中有下列情形之一的，为不宜流通人民币：直径、重量与标准值相差>5%，边部厚度与标准值相差>10%。

人民币硬币规格示例

2. 人民币硬币兑换的污损标准

人民币硬币在流通过程中因受到侵蚀，形成不可去除的污渍，有下列情形之一的，为不宜流通人民币：

单个污渍：污渍面积>标准面积的 5%；

多个污渍：累计面积>标准面积的 10%；

遮盖：文字、数字、图案之一，影响辨别面额或真伪。

人民币硬币污损示例

3. 人民币硬币兑换的磨损标准

人民币硬币在流通过程中出现磨损，形成下列情形之一的，为不宜流通人民币：

一处磨损：深度>0.1 毫米，磨损面积>标准面积的 5%。

多处磨损：深度>0.1 毫米，累计磨损面积>标准面积的 10%。

受损：文字、数字、图案之一受损，影响辨别面额或真伪。

人民币硬币磨损示例

4. 人民币硬币兑换的变色标准

硬币在流通过程中因自然氧化、火烧等原因，使币面色泽发生

人民币硬币变色示例

较大改变、图案模糊不清，或光泽度暗，影响辨别面额或真伪的，为不宜流通人民币。

5. **人民币硬币兑换的变形标准**

硬币在流通过程中出现扭曲、弯折、凸起、凹坑或其他变形，有下列情形之一的，为不宜流通人民币：

最低面直径与最高面直径差值>1 毫米。

整体厚度与标准边部厚度差值>1 毫米。

人民币硬币变形示例

6. **人民币硬币兑换的孔洞标准**

人民币硬币在流通过程中出现可见光孔洞的，为不宜流通人民币。

人民币硬币孔洞示例

7. **人民币硬币兑换的裂痕标准**

人民币硬币在流通过程中出现裂纹或裂口及划痕，有下列情形之一的，为不宜流通人民币：

裂纹或裂口：径向深度>1 毫米，单个长度>3 毫米，且累计长度>标准周长的 10%。

人民币硬币裂痕标准

划痕：径向深度>1 毫米，单个长度>2 毫米，且累计长度>标准周长的 15%。

受损：文字、数字、图案之一受损，影响辨别面额或真伪。

第四节　点　　钞

点钞作为整理、清点货币的一项专门技术，出纳人员应重点掌握。

一、点钞的基础知识

（一）点钞的基本程序

点钞的基本程序：拆把→点数→扎把→盖章。

拆把：把待点的成把钞票的封条拆掉。

点数：手点钞，脑记数，点准一百张。

扎把：把点准的一百张钞票墩齐，用腰条扎紧。

盖章：在扎好的钞票的腰条上加盖经办人名章，以明确责任。

（二）点钞的基本要求

在人民币的收付和整点中，要把混乱不齐、折损不一的钞票进行整理，使之整齐美观。

平铺整齐，边角无折。同券一起，不能混淆。

券面同向，不能颠倒。验查真伪，去伪存真。

剔除残币，完残分放。百张一把，十把一捆。

扎把捆捆，经办盖章。清点结账，复核入库。

（三）点钞的具体要求

为达到上述要求，应具体做到以下几点：

1．坐姿端正

点钞的坐姿会直接影响点钞技术的发挥和提高。正确的坐姿应该是直腰挺胸，身体自然，肌肉放松，双肘自然放在桌上，持票的左手腕部接触桌面，右手腕部稍抬起，整点货币轻松持久，活动自如。

2．操作定型，用品定位

点钞时使用的印泥、图章、水盒、腰条等要按使用顺序固定位置放好，以便点钞时使用顺手。

3．点数准确

点钞的关键是一个“准”字，清点和记数的准确是点钞的基本要求。

要做到点数准确，一要精神集中，二要定型操作，三要手点、脑记，手、眼、脑紧密配合。

4．钞票墩齐

钞票点好后必须墩齐后（四条边水平，不露头，卷角拉平）才能扎把。

5．扎把捆紧

扎小把，以提起把中第一张钞票不被抽出为准。

按“#”字形捆扎的大捆，以用力推不变形，抽不出票把为准。

6．盖章清晰

腰条上的名章，是分清责任的标志，每个人整点后都要盖章，图章要清晰可辨。

7．动作连贯

动作连贯是保证点钞质量和提高效率的必要条件，点钞过程的各个环节（拆把、清点、墩齐、扎把、盖章）必须密切配合，环环相扣。清点中双手动作要协调，速度要均匀，要注意减少不必要的小动作。

点钞包括整点纸币和清点硬币。点钞方法是相当多的，概括而言，可以划分为手工点钞和机器点钞两大类。对于手工点钞，根据持票姿势不同，又可划分为手持式点钞方法和手按式点钞方法。手按式点钞方法是将钞票放在台面上操作；手持式点钞方法是在手按式点钞方法的基础上发展而来的，其速度远比手按式点钞方法快，因此，手持式点钞方法在全国各地应用比较普遍。

二、手持式点钞

手持式点钞方法，根据指法不同又可分为：单指单张、单指多张、多指多张、扇面式点钞四种。

手工清点硬币的方法，也是一种手工点钞法。在没有工具之前，硬币全部用手工清点，这是清点硬币的一种基本方法，它不受客观条件的限制，只要熟练掌握，在工作中与工具清点速度相差不大。

（一）手持式单指单张点钞法

用一个手指一次点一张的方法叫单指单张点钞法。这种方法是点钞中最基本也是最常用的一种方法，使用范围较广、频率较高，适用于收款、付款和整点各种新旧大小钞票。这种点钞方法由于持票面小，能看到票面的四分之三，容易发现假钞票及残破票，缺点是点一张记一个数，比较费力。具体操作方法：

1. 持票

左手横执钞票，下面朝向身体，左手拇指在钞票正面左端约四分之一处，食指与中指在钞票背面与拇指同时捏住钞票，无名指与小指自然弯曲并伸向票前左下方，与中指夹紧钞票，食指伸直，拇指向上移动，按住钞票侧面，将钞票压成瓦形，左手将钞票从桌面上擦过，拇指顺势将钞票向上翻成微开的扇形，同时，右手拇指、食指做点钞准备。

2. 清点

左手持钞并形成瓦形后，右手食指托住钞票背面右上角，用拇指尖逐张向下捻动钞票右上角，捻动幅度要小，不要抬得过高。要轻捻，食指在钞票背面的右端配合拇指捻动，左手拇指按捏钞票不要过紧，要配合右手起自然助推的作用。右手的无名指将捻起的钞票向怀里弹，要注意轻点快弹。

3. 记数

与清点同时进行。在点数速度快的情况下，往往由于记数迟缓而影响点钞的效率，因此记数应该采用分组记数法。把 10 作 1 记，即 1、2、3、4、5、6、7、8、9、1（即 10），1、2、3、4、5、6、7、8、9、2（即 20），以此类推，数到 1、2、3、4、5、6、7、8、9、10（即 100）。采用这种记数法记数既简单又快捷，省力又好记。但记数时要默记，不要念出声，做到脑、眼、手密切配合，既准又快。

（二）手持式单指多张点钞法

点钞时，一指同时点两张或两张以上的方法叫单指多张点钞法。它适用于收款、付款和各种券别的整点工作。点钞时记数简单省力、效率高。但也有缺点，就是在一指捻几张时，由于不能看到中间几张的全部票面，所以假钞和残破票不易发现。

这种点钞法除了记数和清点外，其他均与单指单张点钞法相同。

1. 持票

同单指单张点钞法。

2. 清点

清点时，右手食指放在钞票背面右上角，拇指肚放在正面右上角，拇指尖超出票面，用拇指肚先捻钞。单指双张点钞法，拇指肚先捻第一张，拇指尖捻第二张。单指多张点钞法，拇指用力要均衡，捻的幅度不要太大，食指、中指在票后面配合捻动，拇指捻张，无名指向怀里弹。在右手拇指往下捻动的同时，左手拇指稍抬，使票面拱起，从侧边分层错开，便于看清张数，左手拇指往下拨钞票，右手拇指抬起让钞票下落，左手拇指在拨钞的同时下按其余钞票，左右两手拇指一起一落协调动作，如此循环，直至点完。

3. 记数

采用分组记数法，如点双数，两张为一组记一个数，50 组就是 100 张。

（三）手持式多指多张点钞法

多指多张点钞法是指点钞时用小指、无名指、中指、食指依次捻下一张钞票，一次清点四张钞票的方法，也叫四指四张点钞法。这种点钞法适用于收款、付款和整点工作。该方法不仅省力、省脑，而且效率高。另外，还能够逐张识别假钞票和挑出残破钞票。

1. 持票

用左手持钞，中指在前，食指、无名指、小指在后，将钞票夹紧，四指同时弯曲将钞票轻压成瓦形，拇指在钞票的右上角外面，将钞票推成小扇面，然后手腕向里转，使钞票的右里角抬起，右手五指准备清点。

2. 清点

右手腕抬起，拇指贴在钞票的右里角，其余四指同时弯曲并拢，从小指开始每指捻动一张钞票，依次下滑四个手指，每一次下滑动作捻下四张钞票，循环操作，直至点完 100 张。

3. 记数

采用分组记数法。每次点四张为一组，记满 25 组为 100 张。

（四）手持式扇面式点钞法

把钞票捻成扇面状进行清点的方法叫扇面式点钞法。这种点钞方法速度快，是手工点钞中效率最高的一种。但它只适合清点新票币，不适于清点新、旧、破混合钞票。

1. 持钞

钞票竖拿，左手拇指在票前下部，占票面约四分之一处。食指、中指在票后同拇指一起捏住钞票，无名指和小指拳向手心。右手拇指在左手拇指的上端，用虎口从右侧卡住钞票成瓦形，食指、中指、无名指、小指均横在钞票背面，做开扇准备。

2．开扇

开扇是扇面点钞的一个重要环节，扇面要开的均匀，为点数打好基础，做好准备。其方法是：

以左手为轴，右手食指将钞票向胸前左下方压弯，然后再猛向右方移动，同时右手拇指在票前向左上方推动钞票，食指、中指在票后面用力向右捻动，左手拇指在钞票原位置向逆时针方向画弧捻动，食指、中指在票后面用力向左上方捻动，右手手指逐步向下移动，至右下角时即可将钞票推成扇面形。如有不均匀地方，可双手持钞抖动，使其均匀。

打扇面时，左右两手一定要配合协调，不要将钞票捏得过紧，如果点钞时采取一按十张的方法，扇面要开小些，便于点清。

3．点数

左手持扇面，右手中指、无名指、小指托住钞票背面，拇指在钞票右上角 1 厘米处，一次按下五张或十张；按下后用食指压住，拇指继续向前按第二次，以此类推，同时左手应随右手点数速度向内转动扇面，以迎合右手按动，直到点完 100 张为止。

4．记数

采用分组记数法。一次按 5 张为一组，记满 20 组为 100 张；一次按 10 张为一组，记满 10 组为 100 张。

5．合扇

清点完毕合扇时，将左手向右倒，右手托住钞票右侧向左合拢，左右手指向中间一起用力，使钞票竖立在桌面上，两手松拢轻墩，把钞票墩齐，准备扎把。

（五）扎把

点钞完毕后需要对所点钞票进行扎把，通常是 100 张捆扎成一把，分为缠绕式和扭结式两种方法。

1．缠绕式

采用此种方法，需使用牛皮纸腰条，其具体操作方法如下：

（1）将点过的钞票 100 张墩齐。

（2）左手从长的方向拦腰握着钞票，使之成为瓦形（瓦形的幅度影响扎钞的松紧，在捆扎中幅度不能变）。

（3）右手握着腰条头将其从钞票的长的方向夹入钞票的中间（离一端 1/3～1/4 处）从凹面开始绕钞票两圈。

（4）将腰条向右折叠 90°，把腰条头绕捆在钞票的腰条上转两圈打结。

（5）整理钞票。

2．扭结式

考核、比赛多采用此种方法，需使用绵纸腰条，其具体操作方法如下：

（1）将点过的钞票 100 张墩齐。

（2）左手握钞，使之成为瓦状。

（3）右手将腰条从钞票凸面放置，将两腰条头绕到凹面，左手食指、拇指分别按住腰条与钞票厚度交界处。

（4）右手拇指、食指夹住其中一端腰条头，中指、无名指夹住另一端腰条头，并合在一起，右手顺时针转 180°，左手逆时针转 180°，将右手拇指和食指夹住的那一头从腰条与钞票之间绕过、打结。

（5）整理钞票。

三、点钞机介绍

点钞机是一种自动清点钞票数目的机电一体化装置，一般带有伪钞识别功能。现今，点钞机已成为出纳工作不可缺少的设备。随着印刷技术、复印技术和电子扫描技术的发展，伪钞制造水平越来越高，必须不断提高点钞机的辨伪性能。

（一）点钞机点钞

手工点钞后出纳一般还要利用点钞机再次点钞，以保证金额无误、无假币。

1．整理钞券

放入点钞机前需将钞券整理平整，若纸币褶皱较多或缺角严重的，会使点钞机自动卡币，不能准确点钞。对于没有混点功能的点钞机，还需将钞券进行分类，同一币值的分为一叠，分类进行点钞。

2．开启点钞机电源并放入钞券

打开点钞机电源，将整理平整的钞券放入点钞机的验钞口，机器会自动开始计数验钞。机器的数显屏会显示已验过的纸币张数。

3．反面再次点钞

将点好的钞券换面放入点钞机再验一遍，以保证无误。

点钞机的使用虽然比较简单，但在出纳工作中，起到了很大作用，所以出纳人员不仅要会使用点钞机，还要学会点钞机的简单维护与日常保养。

（二）点钞机的常见故障及处理

1．开机后无显示

（1）检查电源的插座是否有电。

（2）检查点钞机的插头是否插好。

（3）检查点钞机的保险丝是否已熔断。

2. 开机后出现故障提示代码

一般点钞机具有故障自检功能，开机后点钞机就会自诊是否有故障。

不同的点钞机，故障代码也不一样。请参考点钞机的使用说明书。

3. 计数不准

（1）调节托钞盘后部的垂直螺丝，顺时针拧一周或两周。

（2）清理光电记数传感器上的积尘（除尘）。

（3）清尘后不能恢复正常，检查阻力橡皮、捻钞轮是否严重磨损。换完后再进行调整。

（4）调节送钞台光电计数器传感器的对正位置。

4. 荧光鉴伪不报警或检伪灵敏度降低

（1）调节电路板灵敏度按键或灵敏度调节电位器（荧光鉴伪的灵敏度）。

（2）检查荧光灯管光传感器（紫光灯探头）是否积尘。

（3）检查荧光灯管是否老化。

5. 启停方式失灵

（1）检查送钞传感器是否积灰尘。

（2）送钞传感器和主电路板连接开路，接好即可。

（3）检查点钞机皮带是否折断。

（三）点钞机的日常保养

保养点钞机最重要的一点就是除尘。在潮湿地区，如果灰尘积留得比较多，会对机器的强电部分产生很大影响。在干燥地区，灰尘中带有大量自由电荷，而点钞机在清点的过程中也会产生一部分自由电荷，这样就会造成自由电荷在钞票上积累，最终产生尖端放电，这也就是我们常说的“静电”。静电产生放电现象就会对机器产生影响，轻则影响鉴伪，重则对机器的集成电路造成无法补救的损害。抛开这些对机器的不利影响不说，灰尘多了对人体也是有害的。所以保养点钞机最重要的任务就是除尘。

在机器内灰尘积累较多的地方是紫外灯管。紫外灯管是点钞机利用光学技术进行鉴伪的光源，当它被遮挡时，光源的强度就要下降，这样鉴伪的灵敏度也要随之下降。在多数情况下，光学传感器距离光源很近，如果灯管的积灰多，也会将传感器遮盖住，这样鉴伪的灵敏度就更低了。这里的灰尘可以用毛刷或者抹布进行清理，不过一定要记住必须先将机器的电源线拔下来，以免触电！清除了灯管上的灰尘后就要对机器的积尘盒进行清理了。带有吸尘装置的点钞机，其吸尘装置吸取的灰尘都装在积尘盒里，可以将它拆下来进行清理。点钞机的结构是很复杂的，用毛刷或者抹布不能碰到的地方就不要非得去碰，否则容易损坏机器。

接下来的工作就是更换易损件。点钞机的易损件主要包括橡胶器件和紫光灯管。点钞机是模仿人类点钞的机器，使用了部分橡胶器件。橡胶器件在使用一段时间后会由于磨损而导致摩擦力下降，从而导致机器的性能也随之下降，在这种情况下就需要更换相应的橡胶器件了。另外，紫外灯管工作一段时间后紫外光的发射能力也要下降，从而导致机器鉴伪能力下降，这样也需要更换紫外灯管。更换它们的方法一般是很容易的，只要按使用说明书要求的方法拆下相应的部分，然后再将新的器件安装上就可以了。

最后一项保养工作是调节点钞的间隙。点钞机有一个调节摩擦力的机构，大多数点钞机的这个机构都设在机器的后部，其外形类似于圆形的钮，可称它为“旋钮”。旋钮的调整一般符合这样的规律——“顺时针调整，摩擦力增加；逆时针调整，摩擦力减小”，知道这个规律后调整起来就方便多了，一般调节两圈就可以了。

课后习题

一、单选题

1．票面残缺五分之一以上至二分之一，其余部分的图案、文字能照原样连接者，应按（　　）标准兑换。

A．全额兑换　　B．半额兑换
C．不予兑换　　D．四分之一兑换

2．中国人民银行自成立以来，至今已发行了（　　）套人民币。

A．三　　B．四　　C．五　　D．六

3．第五套人民币增加了（　　）券。

A．五元　　B．十元　　C．二十元　　D．一千元

二、多选题

1．填写票据的月份时，月为（　　）的，应在其前面加“零”。

A．壹　　B．贰　　C．叁　　D．壹拾

2．以下属于点钞基本程序的有（　　）。

A．拆把　　B．点数　　C．扎把　　D．盖章

三、判断题

1．伪造币是依照人民币真钞的用纸、图案、水印、安全线等的原样，运用各种材料、器具、设备、技术手段模仿制造的人民币假钞。（　　）

2．不予兑换的残缺人民币由商业银行分支机构收回销毁，不得流通使用。（　　）

3．单位预留银行印鉴的印章遗失时，应当出具公函，填写“更换印鉴申请书”，到开户银行办理更换印鉴手续。（　　）

4．预留印鉴中个人名章遗失的，无须去银行办理更换印鉴手续。（　　）

5．第五套100元券钞票纸中的安全线，迎光观察，可见“RMB 100”微小文字，仪器检测有磁性。（　　）

四、实训题

1．填写表 3-2 中大写金额的错误原因及正确写法。

表 3-2　大写金额更正

小写金额	大写金额		
	错误写法	错误原因	正确写法
¥800.00	人民币捌佰元	少写了个“整”	人民币捌佰元整
¥16 002.00	人民币壹万陆仟另贰元整		
¥19.08	人民币拾玖元捌分		
¥6 170.40	人民币陆仟壹佰柒拾元肆角零分		
¥5 370.40	人民币伍仟叁佰柒拾零元肆角整		
¥6 170.40	人民币 陆仟壹佰柒拾元肆角整		

2．点钞技能测试。

考核标准：

（1）要求在 2 分钟内完成 2 捆钞票的点数、扎把等工序，每捆满分 50 分，合计 100 分。

（2）扎把（5 分/捆）：扎把要紧，纸条不会断裂造成散把，以提起把中第一张钞票不被抽出为准，因扎把不紧，造成散把，该项不得分。

（3）点钞姿势（10 分/捆）：点钞姿势标准，可采用手持式单指单张、手持式多指多张、扇面点钞法等。

（4）速度（10 分/捆）：时间计算以每捆为单位，每捆 40 秒为及格，得 6 分，每少 2 秒加 1 分，最高 10 分；每多 2 秒，减 1 分，该项减到 0 分为止。

（5）准确性（25 分/捆）：点错 1～2 张，扣 5 分；点错 3～5 张，扣 10 分；点错 6～8 张，扣 15 分；点错 9 张及以上，该项不得分。

第四章

4

现金结算业务

问题引入

书接前文，沙悟净完成交接任务后正式上岗了。一上班，他认真填写了一张现金支票，前往银行提取备用金。

回到公司，刚把现金放入保险柜中，白小姐拿着一叠单据过来报销出差款项，沙出纳仔细地查看原始单据……

学习目标

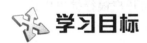

能够计算单位库存现金限额
能够办理单位存取现金业务
能够办理相关收据业务
能够办理报销业务
能够办理现金借款业务
能够办理单位清查现金业务

第一节　现金的使用范围及限额

一、现金的使用范围

现金的使用范围包括：①职工工资、津贴；②个人劳动报酬；③支付给个人的各种奖金，包括根据国家规定颁发给个人的科学技术、文化艺术、体育等各种奖金；④各种劳保、福利费用以及国家规定的对个人的其他支出；⑤向个人收购农副产品和其他物资的价款；⑥出差人员必须随身携带的差旅费；⑦结算起点（1 000 元）以下的零星支出；⑧中国人民银行确定需要支付现金的其他支出。

除第 5、6 项外，开户单位支付给个人的款项，超过使用现金限额的部分，应当以支票或者银行本票等方式支付；确需全额支付现金的，经开户银行审核后，予以支付现金。

二、库存现金限额

库存现金限额是指国家规定由开户银行给各单位核定一个保留现金的最高额度。

1．核定单位库存限额的规定

开户银行应当根据实际需要，核定开户单位 3～5 天的日常零星开支所需的库存现金限额。

边远地区和交通不便地区的开户单位的库存现金限额，可以多于 5 天，但不得超过 15 天的日常零星开支。

开户单位现金收入应当于当日送存开户银行。当日送存确有困难的，由开户银行确定送存时间。

开户单位支付现金，可以从本单位库存现金限额中支付或者从开户银行提取，不得从本单位的现金收入中直接支付（即坐支）。

2．核定单位库存限额的原则

既要保证日常零星现金支付的合理需要，又要尽量减少现金的使用。开户单位由于经济业务发展的需要，增加或减少库存现金限额时，应按必要手续向开户银行提出申请，经批准后再进行调整。

3．核定单位库存限额的程序

库存现金限额每年核定一次，经核定的库存现金限额，开户单位必须严格遵守。其核定具体程序为：

（1）开户单位与开户银行协商核定库存现金限额，计算公式为

$$库存现金限额=\frac{一定时期现金支出总量-同期非日常零星现金支出总量}{总量统计期的天数}\times 限额天数$$

（2）分别计算各项目限额：

1）零星职工薪酬需用现金。

2）零星材料采购需用现金。

3）其他支出需用现金。

第二节　现金存取业务

出纳应将每天收到的现金款项及时送存开户银行，特别是现金流量较大的商场、酒店等；而转账业务比较多、现金收入比较少的企业可以向银行说明情况，银行再根据企

业现金收入的日常情况确定送存的间隔时间。例如，工业企业可以申请3～5天送存一次现金，若当天收到的现金较多，也可以在一天内分次缴存银行。当天收到的现金及时送存银行是法律规定，更是为企业内部资金安全考虑。

小贴士

根据《中华人民共和国现金管理暂行条例》规定，开户单位收入现金应于当日送存开户银行，当日送存确有困难的，由开户银行确定送存时间。

开户单位支付现金，能够从本单位库存现金限额中支付，也可开具现金支票从开户银行提取，再进行内部支付，不得从本单位的现金收入中直接支出（即坐支）。

《中华人民共和国现金管理暂行条例》

一、送存现金业务的办理

到银行送存现金有六个步骤，如图4-1所示。

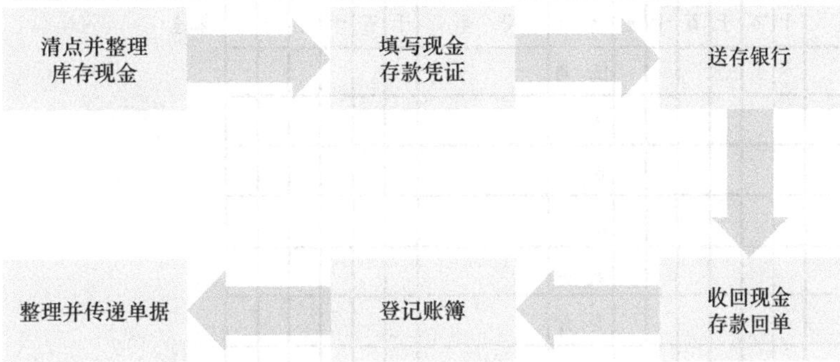

图4-1　送存现金业务流程

1．清点并整理库存现金

出纳收到现金，去银行存钱，要先将收到的现金按币别、大小的不同进行整理归类。整理归类完后，进行清点，随后填写现金存款凭证。

2．填写现金存款凭证

存现必须填写现金存款凭证才能办理，但是不同银行的现金存款凭证的名称有所差异。中国农业银行的是现金缴款单，中国工商银行的是现金存款凭条，交通银行的是现金解款单等。各银行的现金存款凭证的格式会有所差异，但是内容大同小异，这里我们以工商银行的现金存款凭条为例进行讲解，如图4-2所示。

现金存款凭条的填写事项主要包括：

（1）日期：填写办理当天的日期。

（2）存款人全称：要与营业执照的名称一致。

（3）存款人账号：单位在银行开立的账号。

（4）存款人开户行：单位的开户银行全称。

（5）款项来源：写明款项的实际来源，如零售款就写零售款，员工还款就写个人还款。

（6）交款人：填写交款的部门可以写成公司名称或可不写。

（7）金额：采用大小写填入，大小写必须一致，而且大小写金额要符合大小写金额数字的书写规范。

（8）券别：出纳要将每个币值相同的现金分为一组，进行统计，再将分类的数量填入相应栏内。

ICBC 中国工商银行　　现金存款凭条

日期：　年　月　日　　№

存款人	全称												
	账号		款项来源										
	开户行		交款人										
金额（大写）			金额（小写）	亿	千	百	十	万	千	百	十	元	角	分

票面	张数	十	万	千	百	十	元	票面	张数	千	百	十	元	角	分	备注
壹佰元								伍角								
伍拾元								贰角								
贰拾元								壹角								
拾元								伍分								
伍元								贰分								
贰元								壹分								
壹元								其他								

第一联　银行核对联

图 4-2　现金存款凭条

出纳去银行存现时，要根据整理好的现金填写现金存款凭条的相关内容，其中日期、单位全称、账号、金额大小写、款项来源均为必填项目，交款人、券别为选填项目。

3．送存银行

出纳填写完现金存款凭证，即可去银行办理现金存款业务。

4．收回现金存款凭证回单

出纳将填好的现金存款凭证和现金交给银行柜员，银行柜员办理存款手续后，会把加盖好银行章的回单联退还给出纳，出纳只要将回单联带回来就可以了。

5．登记账簿

取回现金存款凭证回单后，出纳要及时整理并交接给总账会计作为记账凭证。

6．整理传递单据

总账会计将做好的记账凭证交给财务负责人审核后，交由出纳登记库存现金和银行存款日记账。

小贴士

1. 现金存款凭证的来源

现金存款凭证可以在银行免费获取，如果企业经常收到现金，可以事先从银行获取多份现金存款凭证，办理存款前先写好后再带到银行，这样到银行办事的效率就会更高。

2. 现金存款凭证填错的处理

若现金存款凭证填错了，可以直接销毁（一般要撕毁，然后扔垃圾桶，因为上面有单位的名称和账号），然后重新填写一张。

3. 办理存现前是否要盖印章

实务中很多银行业务办理时都需要盖章，存现是否也需要盖呢？

填制现金存款凭证，不需要加盖公司的相关印章，出纳填完后将现金和现金存款凭证交银行柜员办理就可以了。送存现金后，带回回单联，即表示整个送存现金业务办结。

4. 企业办理送存现金业务

实务中，许多银行正在推进无纸化业务，不久的将来企业办理送存现金业务流程将大大简化，无需纸质凭证。实现无纸化后，企业送存现金时，只需直接办理，打印回单即可，无须填单。目前，各家银行正在积极实现无纸化业务，有的银行已实现无纸化办公，纸质单据将大大减少。具体规定请遵从各家银行的规定。

二、提取现金业务的办理

提取现金的具体业务流程如图 4-3 所示。

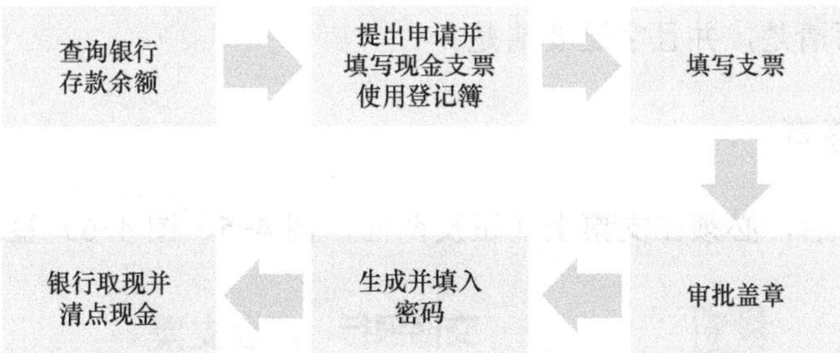

图 4-3　提取现金流程图

（一）查询银行存款余额

出纳发现库存现金余额不足或其他原因需要提取现金时，应先查询企业基本账户银行存款余额（可以致电开户行或登录企业网上银行进行查询），确定银行存款余额大于要取现的金额。防止开具空头支票，给公司造成不必要的损失。

企业开出的现金支票票面金额大于其银行存款余额的，称为“空头支票”，不仅取不到钱，还将被罚款。

小贴士

签发空头支票或者签发与其预留签名样式或者印鉴不符的支票，不以骗取财物为目的的，由中国人民银行处以票面金额5%但不低于 1 000 元的罚款；持票人有权要求出票人赔偿支票金额 2%的赔偿金。

《票据管理实施办法》

（二）提出申请并填写现金支票使用登记簿

出纳使用现金支票取现前需要告知财务经理或者相关领导，并及时登记现金支票使用登记簿，如图 4-4 所示，登记簿记录的主要事项包括日期、支票号码、领用人、金额、用途、备注等，以保证现金支票信息及时记录和跟踪。

现金支票使用登记簿

日期	购入支票号码	使用支票号码	领用人	金额	用途	备注
2020-12-01		03592920	李丽	10,000.00	备用金	

图 4-4　现金支票使用登记簿

（三）填写支票

现金支票的填写要求非常严格，要注意日期、金额的书写规范，及大小写金额的一致性，用途要填写清楚，并且字迹要清楚。

（四）审批签章

现金支票填好后，必须在支票上（正反两面，图 4-5、图 4-6）签章。

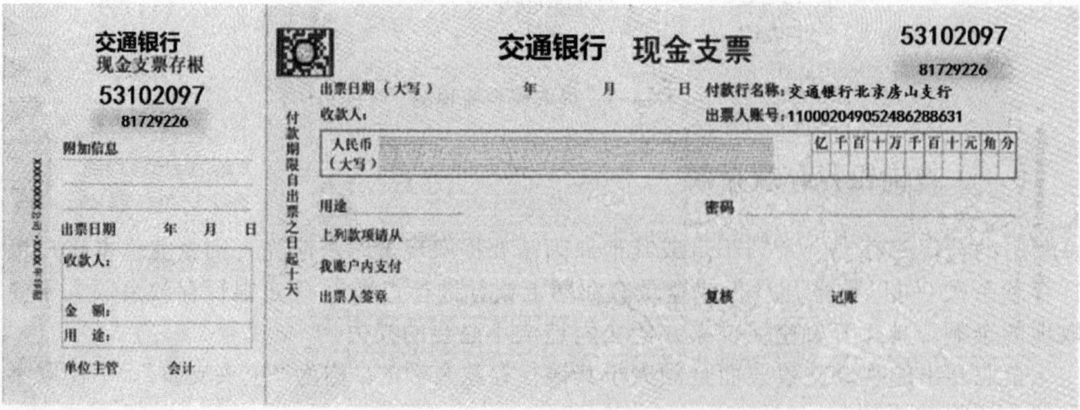

图 4-5　现金支票正面

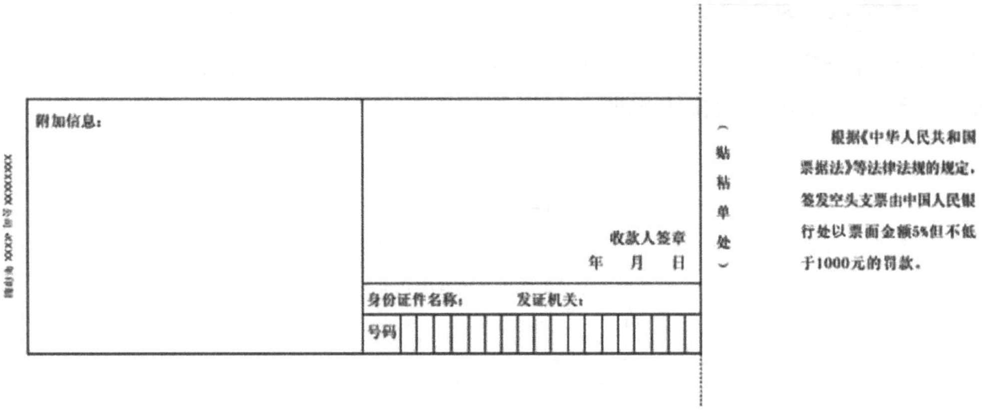

图 4-6 现金支票背面

印章可以是财务专用章和法人章，或者是公章和法人章，但盖章时两个章缺一不可。签章必须使用跟预留印鉴颜色一样的印泥，且必须清晰。很多银行规定，若签章模糊只能将本张支票作废，实际操作中可咨询一下银行柜员这方面的规定。

现金支票上的 16 位号码中，上面 8 位是银行代码，下面 8 位是现金支票的流水号，在使用支付密码器时，凭证号码应输入下面的 8 位流水号。

小贴士

1. 现金支票填错的处理

现金支票若填写或签章错误等，必须作废，然后重新申请开具，出纳应在现金支票的正联和存根联加盖作废印章，标记作废并妥善保管，作废印章应盖在支票联与存根联的骑缝线上，同时在现金支票领用登记簿对应位置上记录。

2. 现金支票的付款期限

现金支票的提示付款期限自出票日起 10 日内，超过提示付款期限，银行不予受理，出纳需将支票作废处理，并重新申请开具。

3. 现金支票的起付金额限制

现金支票的起付金额为 100 元，即出纳到银行提取现金，现金支票的票面金额不得低于 100 元。

4. 每日取现的限额

企业每日取现的金额，一般不超过 5 万元，如果超过 5 万元（包括 5 万元）需要经过申请报批。

（五）生成密码并填入

银行在受理现金支票取现业务时，是根据预留银行印鉴及支付密码来判断是否将款项交由持票人。因此，出纳在办理取现业务时，最好将生成的支付密码记录在其他地方，等到了银行柜台再填入，这样就可以防止不必要的损失了。

支付密码是银行为进一步加强票据风险控制而设置的最后一道防线，只有在支票上填写的密码与银行的数据一样，银行才会付款。获取支付密码需要用到支付密码器。支付密码器（如图 4-7 所示）由企事业单位等存款人向其开户银行购买，按银行要求签订使用协议，然后按密码器的使用说明加载账号后即可使用。

图 4-7　支付密码器

一般在购买支付密码器时，都有配套的使用说明书，按照说明书要求一步步进行操作，就可以学会支付密码器的使用方法。下面，我们通过一个例子来介绍一下支付密码器的使用过程。

第一步，打开支付密码器，进入操作界面，会提示你选择操作人员，出纳办理业务时应该选择“签发人”。

第二步，输入操作人员的登录密码。

第三步，登录进去后，选择相应的操作，办理业务时选择“签发凭证”项，查询以前的操作选择“历史记录”，修改密码选择“修改口令”。

第四步，进入签发凭证界面后，密码器会提示操作人选择签发人账号，即自己单位的账号，这时出纳人员选择要进行结算的账号，页面显示不全时，可通过上翻（↑）和下翻（↓）键来进行查找相应的账号。

第五步，选择好相应的账号后按下确定，这时操作界面会提示要进行操作的业务，使用现金支票和转账支票选择“支票”。

第六步，选择好业务种类后，操作界面提示输入相应的凭证号码、日期和金额等信息，按确定，操作界面便会生成支付密码。

（六）银行取现并清点现金

前五步操作完成后，出纳应将存根联撕下留在企业，作为后期会计做账的依据，只需将正联带到银行即可。到达银行后应将支付密码填入现金支票密码栏，再进行取现。

出纳收到现金时，应当场核对金额，至少点钞两遍，并对现金真伪进行检验，确认无误后妥善收存。取现返回公司过程中要小心谨慎，注意安全，若取现金额较大，可申请同事陪同。

第三节　现金收支业务

一、现金收款

单位在其所开展的生产经营和非生产经营性业务中收取的现金包括：

（1）企业、事业单位由于销售商品、提供劳务而取得的现金收入，机关、团体、部队、企事业单位提供非经营性服务而取得的现金收入。

（2）单位内部的现金收入，如职工借用备用金，报销后退回的余款。

（3）向单位职工收取的违反制度罚款、执法单位取得的罚没收入。

（4）其他应收取的利用现金结算的款项。

有些企业在收取小额的零星销售收入时，如有销售发票，出纳员根据本单位发票金额收取现金后，可在本单位留存的发票记账联上加盖“现金收讫”章来代替收款收据。

总之，现金收款业务处理在出纳工作中非常频繁，出纳在处理现金收款业务时很容易出错，如收到假币、金额出错、收款收据开错等，因此出纳在收取现金款项过程中要特别谨慎、细心。

二、现金收款业务的处理流程

现金收款业务的处理流程包括核实款项、收取款项、开具证明。

1．核实款项

出纳办理现金收款业务时，必须先核实该业务的真实合法性，根据发票、协议等收款依据确认应收取的金额，如有错误则要求其改正或重办。

2．收取款项

点钞验钞时，要注意识别假币，如果收到残损币，应根据残损的情况做出准确处理。点验无误后应唱收——“收您××元”。

3．开具证明并填写现金收款凭证

开具收款收据在出纳现金收款业务中经常发生，因此准确开具收据也是出纳必备的技能之一。

款项收取完毕后应将现金及时放进保险柜中，并根据业务情况开具证明。

收据为企业内部自制单据，可以在会计用品店或税务局购买，也可以由企业自行设计并打印。实务中的收款收据比较多样化，格式、联次有所差异，但是要点和内容都是大同小异的。

填写完收款收据后，根据其记账，填写现金收款凭证。

三、收款收据

收款收据一般为一式三联，用复写纸套写，第一联为存根，第二联由交款人收执，需加盖企业财务专用章，第三联作为本单位记账依据。现金收款收据的格式如图 4-8 所示。

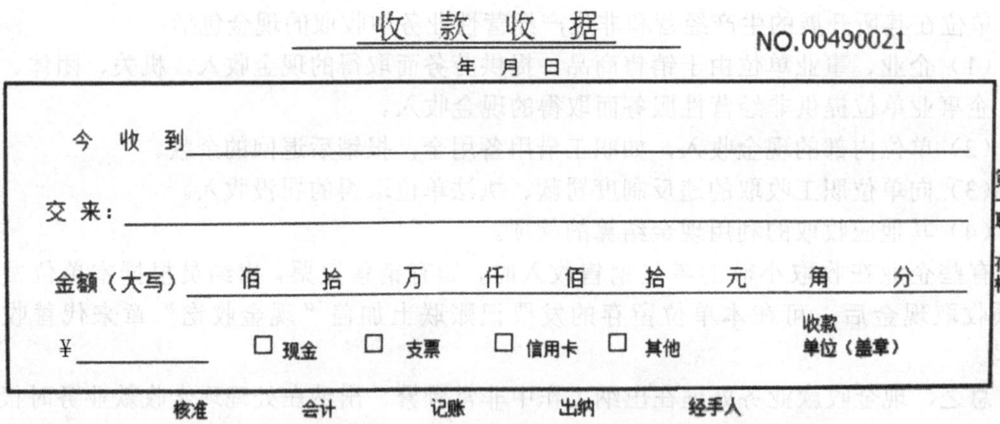

图 4-8 现金收款收据

收款收据的处理主要有填写、盖章、使用三个步骤。

1. 填写

填写的要素包括：

（1）日期：填写收款当天的日期，使用小写日期填写即可。

（2）付款方及缘由：在“交来”后面的横线处填写付款人或付款单位名称及收取款项的原因，如“××预交的订金”。

（3）金额：填写收款的实际金额，大小金额均需填写。

（4）结算方式：一般为现金，如果是其他结算方式，如支票等，则勾选支票。

（5）收款收据上的相关人员签字，一般填写相关的经手人（交款人）和出纳（开票人）。

2. 盖章

在收据联的收款单位处盖上公章或财务专用章，在会计联盖上现金收讫章。

3. 使用

要素填写完毕，盖章后将第二联撕给付款方，第一联存根联保留在收据本上备查，当日终了后，将当天开具的所有收据第三联会计联统一交由会计记账。

四、现金收款凭证的填写

现金收款凭证一般一式两联，用复写纸套写，一联作为出纳记账的依据，二联作为会计记账的依据。现金收款凭证的格式如图 4-9 所示。

收 款 凭 证

借方科目： 年 月 日 收字第 号

摘要	数量	贷方科目		金额										记账
		总账科目	子目或户名	千	百	十	万	千	百	十	元	角	分	
合计														

附件 张

会计主管 记账 审核 制证

图 4-9 现金收款凭证

五、现金收款的特殊处理

实务中，收到款项时一般都需要开具收款收据，但是有些业务可以不开具，如：收取零售款，营业员交来的销售日报表可以直接交给会计做账，不需要开具收据。

出纳收到收银员交来当天零售款和销售日报表后要首先核对收银员所交的销售日报表明细金额与汇总金额是否一致。若发现有错误，让收银员用红色的签字笔在错误金额处画线，在错误金额的上方用黑色的签字笔书写正确金额，并签名；或者直接重新打印销售日报表。然后当面核对现金，点两遍保证金额正确，同时注意识别假币。最后将清点无误的现金与交款清单的汇总金额核对无误后，收妥现金，在交款清单上签章或开具收据。本例中收银员不需要收据，因此，出纳只需在销售日报表上签字，盖上“现金收讫”章即可。

六、现金支付业务

出纳员必须认真谨慎地处理现金支付业务，以防造成不可追补的经济损失。支付现金日常业务主要有：

（1）职工差旅费的预支。

（2）单位内部各部门备用金的领用。

（3）职工薪酬的支付。

（4）其他付款业务，如预付现金、向有关人员支付劳务费等。

（5）向职工发放的非工资性资金等。

有些企业不填现金付款凭证，而是在购物发票、借款单或报销凭证上加盖“现金付讫”章来代替现金付款凭证，表示已支付现金。

以现金支付工资时，不需填写现金付款凭证，而是以签领的工资表作为已付现金的凭证。

七、支付现金业务的处理流程

在支付现金时，出纳员应认真审核原始单据，填写现金付款凭证，计算出付款金额，并在审核无误的付款凭证上盖“现金付讫”章。现金发放时，如果是直接发给收款人，要当面清点并由收款人签收（或盖章）；如果是他人代为收款的，由代收人签收。

业务员持相关原始单据填写“支出证明单”，办理报销审批手续。

出纳员审核“支出证明单”及所附原始单据，交财务负责人审核后，清点现金并当面交付报销人，同时在“支出证明单”上盖“现金付讫”章。

出纳员将“支出证明单”及所附发票传递给总账会计填制记账凭证，交财务负责人审核。

出纳员根据审核后的记账凭证登记日记账。

出纳员根据财务负责人审核无误的记账凭证登记库存现金日记账。

八、现金付款凭证的填写

现金付款凭证一般为两联，用复写纸套写，一联作为出纳记账的依据，二联作为会计记账的依据。现金付款凭证的格式如图 4-10 所示。

付 款 凭 证

贷方科目：　　　　年　月　日　　　　付字第　　号

摘要	数量	借方科目		金额										记账
		总账科目	子目或户名	千	百	十	万	千	百	十	元	角	分	
合计														

附件　　张

会计主管　　　记账　　　审核　　　制证

图 4-10　现金付款凭证

第四节 现金借款业务

公司涉及的现金支出，除了存现、员工报销之外，还包括员工的借款等其他业务。在企业特别是在施工、物流等类型企业中借款业务经常发生，因而现金借款业务也是出纳必须掌握的一项重要业务。

借款业务会导致公司的资金外流，所以出纳员在处理相关业务时要特别谨慎，注意审核借款单的填写、审批程序以及借款业务的实质等是否确凿无误。

一、借款的流程

借款时，一般由借款人填写借款单，并按企业规定办理相关的审核审批手续，然后交由出纳付款。实务中，出纳的工作重点在于借款单的审核与付款。

（一）审核与付款

借款人借款一般要填写借款单。借款单是企业内部自制的单据，格式比较灵活，一般为一式一联，如图 4-11 所示；借款单可以在办公用品店购买，公司也可以自行设计并打印使用。员工的借款有很多种情况，如预借差旅费、业务招待费、零星采购等。

借　款　单

年　月　日　　　　　　　　　　　　第　号

借款部门		姓名		事由	
借款金额（大写）	万　仟　佰　拾　元　角　分　¥				
部门负责人签署		借款人签章		注意事项	一、凡借用公款必须使用本单 二、出差返回后三天内结算
单位领导批示		财务经理审核意见			

图 4-11　借款单

出纳收到借款人交来的借款单，首先应根据公司的借款制度，审核借款单是否填写完整，审批手续是否完整。

审核借款单主要包括以下几个方面：

（1）借款日期：是否写明借款当天的日期。

（2）借款部门：是否写明借款人所在的部门名称。

（3）姓名：是否填写借款人的姓名。

（4）事由：是否填写清楚借款的原因，如出差预支费用等。

（5）借款金额：是否填写清楚借款的金额，金额大小写是否一致。

（6）审批签字：借款单是否经过了相关领导的批准，符合审批流程。

借款人填写借款单后的审核手续：先由部门经理审核，然后交财务部门审核，最后再经过分管领导如总经理、副总经理审核。对于部门有预算的借款项目，如果费用没有超过部门借款标准，可以不经过分管领导审批。具体标准请参照公司财务制度。

审核无误后，出纳要让借款人在借款单下的“借款人”处签字，并将借款的金额付给借款人，付款时要唱付；同时出纳要在“出纳付款”处签字；最后在付完款的借款单上盖上“现金付讫”章，说明该款项已办理完毕，防止重复支付。

（二）登记台账

借款台账也就是借款的明细账，记录了借款人的姓名、借款事由、借款时间、金额等信息。通过借款台账我们可以清楚地知道员工借款的详细信息，能更好地跟踪、管理员工的借款。实际工作中，出纳登记台账一般是使用 Excel 表格进行记录，设置自动计算的模式：借款金额–还款金额=余额。

当发生员工借款业务，出纳支付完款项后，应该及时在台账上登记借款的信息，主要应填写：

（1）姓名：填写借款人的姓名。

（2）部门：填写借款人的部门信息。

（3）摘要：填写借款的原因。

（4）借款金额：填写借款的具体金额。

（5）借款日期：填写借款的日期。

二、还款

员工借款，有借必有还。员工归还借款时，出纳必须开具相关的证明给员工，并根据借款台账核销借款信息。

出纳收到员工的还款时，首先要根据台账核实，确认无误后再按公司规定办理相关的还款手续，办理完后，同时要核销该笔借款信息，如图 4-12 所示。

借款台账

2020 年

编号	姓名	部门	摘要	借款金额	借款日期	还款金额	归还日期	余额
1	唐长老	总经办	业务招待费	¥2000.00	2020-12-01	2000.00	2020-12-31	0

图 4-12 借款台账（核销）

实际工作中，员工的还款大多都是以报销的形式为主，一般都是先报销后还款。还款时，出纳要根据台账核实该笔借款的时间、金额，然后开具收款收据给对方作为还款的证明，最后在台账上核销该笔信息。

小贴士

出纳支付员工借款后,由于借款单据不符合规定等原因，没有把借条交给会计做账，而是将借条留在保险柜里充当现金，等到员工还款，再将借条退还，这是我们常说的“白条抵库”现象。白条抵库是单位库存现金管理工作中的一种典型违法行为。容易给企业资金管理带来严重的不利影响：

（1）实际库存现金比账上的金额少，会影响现金支付结算，如果白条抵库金额过大，就有可能出现付款时现金不足的情况。

（2）大量的抵库白条，会增加资金管理压力，降低资金使用效率。

（3）随意占用资金会给公司资金的安全造成负面的影响，会增加资金被部分人员挪用的危险。

表 4-1　白条借款与借款单借款对比

借款方式	付款流程	还款流程
白条借款	支付借款，白条抵库	收回借款，退还白条
借款单借款	支付借款，登记台账，移交借款单	收回借款，核销台账

从表 4-1 我们可以看到，出纳不仅很难管理白条借款，而且退还白条后，就没有发生该业务的证明，这些都不符合公司资金的管理要求；采用借款单借款，出纳则能很清楚地跟踪管理员工的借款，并且整个借款事项都能在台账中反映。

为了避免发生“白条抵库”的现象，出纳不仅要严格按照企业的财务制度审核借款单，对于不符合规定的借款单，不予办理，而且在每天下班前应将当天办理的借款单交接给会计。

第五节　报 销 业 务

报销业务是指企业在日常经营活动中发生的以报销形式结算的各种业务，如报销电话费、办公费等。

报销业务是出纳日常工作中最常见的业务之一，也是出纳应掌握的最重要的业务之一。

员工办理报销业务的流程主要有四个步骤：填写报销单、粘贴票据、领导审批签字、出纳审核付款。

一、填写报销单

要进行报销首先要有报销单，报销单是员工为与工作相关的事项发生款项支出后进行报销时使用的单据。报销单为企业内部自制单据，因此在实务中形式比较多样，但报销单上所应填写的项目都是类似的，如图 4-13 所示。

报 销 单

填报日期：　年　月　日　　　　单据及附件共　张

姓名		所属部门	报销形式 支票号码
报 销 项 目	摘　　要	金　　额	备注：
合　　计			
金额大写：　拾　万　仟　佰　拾　元　角　分		原借款：　元	应退款：　元 应补款：　元

总经理：　财务经理：　部门经理：　会计：　出纳：　领款人：

图 4-13　报销单

报销单的填写事项主要包括：

（1）填报日期：写明填写报销单当天的日期，用阿拉伯数字填写即可。

（2）姓名：填写报销人的姓名；

（3）所属部门：填写报销人所在的部门；

（4）报销形式：选填，一般通过银行账户形式采用事后报销，如有特殊情形，需要当事人进行申请。

（5）支票号码：如有选择使用现金支票或转账支票形式的，请如实填写。

（6）报销项目、摘要：写明报销费用的具体原因，如交通费用、差旅支出、客户招待等；

（7）金额：包括明细金额与合计金额，明细金额按对应项目以小写金额填写规范填写，合计金额按明细项目的合计金额填写，应包含大小写。

（8）单据及附件：填写报销单上所附发票张数。

二、粘贴票据

报销人填写完报销单后，需要将相关的发票粘贴在报销单后面，但是发票的种类很多，不同发票的大小会有所差异，票据贴得好与坏的差别很明显，票据要贴得好也是有技巧的。

实务中，原始凭证的整理也有几个要点需要注意：

（1）粘贴前：先将所有票据分类整理好，并准备好相关用具，如胶水、粘贴单等。

（2）粘贴时：将胶水涂抹在票据左侧背面，沿着粘贴单装订线内侧和粘贴单的上、下、右三个边依次均匀排开横向粘贴，避免将票据贴出票外，还应避免单据互相重叠；在粘贴至粘贴单时，应自右到左，由下至上均匀排列粘贴，确保上、下、右三面对齐，不出边。

（3）粘贴后：所有单据必须贴紧，确保票据不贴出票外。

小贴士

同类原始凭证数量较多、大小不一时，应按照规格大小将同类型发票粘贴在一起，票据比较多时可使用多张粘贴单。另外，对于比粘贴单大的票据或其他附件，粘贴位置也应在票据左侧背面，沿装订线粘贴，超出部分可以按照粘贴单大小折叠在粘贴范围之内；如果单据过小，可根据粘贴单的尺寸多排粘贴。

三、领导审批签字

报销人将报销单填写、发票粘贴完后，需要找相关的领导在报销单上签字。

一般来说，公司的报销审核签字通常有总经理、财务经理、部门经理等。例如，某公司的费用报销的审批制度规定：

（1）金额在 1 000 元以下（含 1 000 元），由主管部门经理签字之后交给财务经理复核、审批。

（2）金额在 1 000 元以上，由主管部门经理审核签字之后交给财务经理复核再由总经理审批。

四、出纳审核付款

出纳收到报销单时，必须核实报销单上的要素是否完整，手续是否完备，附件是否合法，金额是否合理等。

出纳审核报销单具体包括以下几点：

（1）报销日期：报销日期不能在提交报销单的日期之后，也不能在提交日期之前的太长时间。报销日期不能是未来的时间，如 17 号不能填写为 18 号，也不能是跨年度的时间，如今年 6 月，就不能报销去年 10 月份的费用。

（2）报销人：是否写清楚报销人的名字。

（3）所属部门：是否填写报销人所在部门的名称。

（4）报销项目、摘要：是否写清报销的原因，如购买办公用品、招待客户等。

（5）金额：是否写清楚要报销的金额，报销的金额不得超过附件的汇总金额，不得超过公司规定的有关报销标准。

（6）附件：附件张数与填写的是否一致，附件是否真实合法，附件日期是否合理，合计金额是否不小于报销单上的报销金额。

（7）审批签字：报销业务是否经过了相关领导的批准，一般至少要有部门经理和财务经理（或其授权的会计）的签字。

出纳在审核无误后，让报销人在报销单的右下角"报销人"或"领款人"处签字，然后把报销款付给报销人，付款时要唱付；最后，在付完款的报销单上盖上"现金付讫"章，证明报销款项支付完毕，防止重复支付。

小贴士

出纳在办理报销业务时经常会遇到各种情况，包括：

1．公司抬头不对应

报销单的后附发票必须是开给本公司的，如果不是开给本公司的发票，一律不能报销。

2．项目不对应

报销人在报销业务时，所报销的项目必须根据后附发票的项目来报。若出纳在审核报销单时发现报销单上面所报销的项目跟后附发票报销的项目不一致，一律不予报销。

3．日期不对应

出纳在审核报销单时，若发现报销单与发票的日期间隔时间过大，一般是不允许报销的，具体请参照公司的财务制度做出相应的处理。

4．金额不对应

报销单所附发票的金额之和如果低于报销金额，出纳应要求报销人补齐相关发票，否则不予报销；如果发票的汇总金额大于或等于报销金额，一般以报销单上的金额为准，予以报销。另外，报销的金额不能超过企业的有关报销标准，具体报销标准请参照公司的财务制度。

5．没有完成审核手续

一般来说，报销单的审核手续为：先通过部门经理审核，再通过财务人员审核，最后要通过分管领导如总经理或副总经理等审批。

对于部门有预算的报销项目，如果费用没有超过部门报销标准，可以不经过分管领导审批。出纳收到没有按要求完成审批手续的报销单，应不予受理。具体情况请参照公司的财务制度。

第六节 现金清查业务

一、现金清查业务的处理流程

出纳员根据审核无误的“记账凭证”登记现金日记账，结出当日现金日记账余额。

清查小组当面清点库存现金。将清点的库存现金与当日现金日记账余额核对，编制“库存现金盘点表”。将“库存现金盘点表”交财务负责人审核。

财务负责人审核库存现金盘点表和现金日记账，再次确认无误后，交总账会计制证。

总账会计根据盘点表填制记账凭证，交财务负责人审核后，将现金清查的记账凭证交出纳登记日记账。

二、库存现金盘点表的填写

库存现金盘点表的填写方法如下：

盘点日期：填写盘点当天的年月日以及具体的盘点时间。

账存金额：填写现金日记账的账面金额。

实存金额：填写实际清点的现金金额。

盘盈（亏）数：若账实相符不填；若账实不符，填写相应的栏目。

监盘人：清查小组组长签名，一般为财务负责人。

盘点人：出纳签名。

库存现金盘点表的格式如图 4-14 所示。

库存现金盘点表

年 月 日 编号

账存金额	实存金额	盘盈	盘亏	备注

监盘人（签章）： 盘点人（签章）：

图 4-14 库存现金盘点表

出纳上报长款或短款后，财务负责人需在库存现金长（短）款报告单（如图 4-15 所示）上，出具审批意见及处理方案。

例如，2021 年 1 月 13 日，出纳沙悟净盘点库存现金后发现盘亏现金 100 元。沙出纳经过反复核对，未能找出原因，只好填写库存现金长（短）款报告单，开向财务负责人孙经理汇报情况。孙经理问明事情经过后，依照公司财务制度规定，要求沙出纳两天之内查明原因并追回款项，否则该笔现金盘亏款就需要沙出纳本人全额赔偿，同时审核了库存现金长（短）款报告单并签字。

库存现金长（短）款报告单

会计主体：取经公司　　　　2021 年 01 月 13 日　　　　单位：元

金额 / 人员	实盘数	账面余额	差异
盘点人	8 527.00	8 627.00	100
复核人			
盘点结果及差异分析：库存现金盘点后，盘亏 100 元，已反复核对，暂时未查明原因			
领导审批意见：暂列“待处理财产损溢——待处理流动资产损溢”科目，请继续查找原因			

盘点人：沙悟净　　　　复核人：　　　　核准人：孙悟空

图 4-15　库存现金长（短）款报告单

小贴士

库存现金盘盈、盘亏的账务处理见表 4-2。

表 4-2　库存现金盘盈、盘亏的账务处理

情况	审批前	审批后	
短缺（盘亏）	借：待处理财产损溢 贷：库存现金	借：其他应收款	应由责任人赔偿或保险公司赔偿
		借：管理费用	无法查明原因的
		贷：待处理财产损溢	
溢余（盘盈）	借：库存现金 贷：待处理财产损溢	借：待处理财产损溢	
		贷：其他应付款	应支付给有关人员或单位
		贷：营业外收入	无法查明原因的

课后习题

一、单选题

1. 按照现金管理的相关规定，下列各项中，企业一般不能使用库存现金进行结算的经济业务是（　　）。

A．按规定颁发给科技人员的创新奖金

B．发放给职工的劳保福利

C．向个人收购农产品的价款

D．向外单位支付的机器设备款

2．2020 年 12 月 31 日，某企业进行现金清查，发现库存现金短款 300 元。经批准，应由出纳员赔偿 180 元，其余 120 元无法查明原因，由企业承担损失；发现无法查明原因的库存现金溢余 100 元，不考虑其他因素，该业务对企业当期营业利润的影响金额为（　　）元。

A．0　　B．−120

C．120　　D．180

3．某企业现金盘点时发现库存现金短款 351 元，经核准需由出纳员赔偿 200 元，其余短款无法查明原因，关于现金短款相关会计科目处理正确的是（　　）。

A．借记“财务费用”科目 151 元

B．借记“其他应付款”科目 200 元

C．借记“管理费用”科目 151 元

D．借记“营业外支出”科目 151 元

二、多选题

下列各项中，关于企业现金溢余的会计处理表述正确的有（　　）。

A．无法查明原因的现金溢余计入营业外收入

B．应支付给有关单位的现金溢余计入其他应付款

C．无法查明原因的现金溢余冲减管理费用

D．应支付给有关单位的现金溢余计入应付账款

三、判断题

1．现金支票若填写或签章错误等，必须作废。（　　）

2．现金清查可以在出纳不在场的情况下，由单位负责人组织人员进行清查。（　　）

3．库存现金使用范围有职工工资、各种工资性津贴、个人劳动报酬、各种奖金、差旅费、结算起点（1 000 元）以下的零星支出。（　　）

四、实训题

1．某单位上年度现金日记账支出总额为 2 703 000 元，其中职工工资、奖金、津贴、退职金等阶段性现金支出 350 000 元，计划外一次性现金支出 90 000。请计算该单位本年度库存现金限额一般情况下上限应为多少元？

2．2021 年 1 月 21 日公司将多余现金 6 080 元送存银行，作为出纳请填写下面的现金存款凭条（图 4-16），并写出该项业务的会计分录。

ICBC 中国工商银行　　现金存款凭条

日期：　　年　　月　　日　　　　　　No

存款人	全称			
	账号		款项来源	
	开户行		交款人	
金额（大写）			金额（小写）	亿 千 百 十 万 千 百 十 元 角 分

票面	张数	十	万	千	百	十	元	票面	张数	千	百	十	元	角	分	备注
壹佰元								伍角								
伍拾元								贰角								
贰拾元								壹角								
拾元								伍分								
伍元								贰分								
贰元								壹分								
壹元								其他								

第一联　银行核对联

图 4-16　现金存款凭条

5

第五章

单位银行账户业务

问题引入

最近取经有限责任公司的生产资金周转较困难，管理层希望能尽快取得银行贷款。出纳员沙悟净与银行客户经理李经理取得联系，被告知需要办理贷款卡才能贷款。于是，沙悟净向孙经理汇报后，开始准备办理贷款卡所需要的有关资料……

学习目标

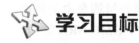

会办理银行账户开立、变更和撤销
掌握贷款卡办理流程与所需材料
掌握银行借款的处理程序与流程
了解未达账项的含义及相关知识
能完成银行对账相关工作

第一节 银行结算账户概述

一、银行结算账户

人民币银行结算账户（以下简称银行结算账户）是指银行为存款人开立的办理资金收付结算的人民币活期存款账户。

存款人是指在中国境内开立银行结算账户的机关、团体、部队、企业、事业单位、其他组织（以下统称单位），以及个体工商户和自然人。

中国人民银行是银行结算账户的监督管理部门。

银行结算账户按存款人分为单位银行结算账户和个人银行结算账户。其中，存款人以单位名称开立的银行结算账户为单位银行结算账户。个体工商户凭营业执照开立的银行结算账户纳入单位银行结算账户管理。

单位银行结算账户按用途分为基本存款账户（预算单位零余额账户）、一般存款账户、专用存款账户、临时存款账户（如图 5-1 所示）。

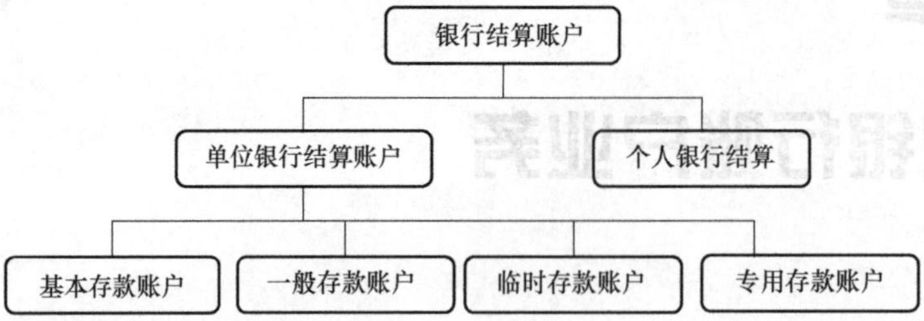

图 5-1　银行结算账户分类

二、基本存款账户

基本存款账户是存款单位因办理日常转账结算和现金收付需要开立的银行结算账户。存款单位的现金支取，只能通过基本存款账户办理。一个单位只能选择一家银行的一个营业机构开立一个基本存款账户，不得同时开立多个基本存款账户。日常经营活动的资金收付及其工资、奖金和现金的支取均可通过此账户办理。但境外机构在中国境内银行业金融机构开立的人民币银行结算账户（境外机构境内外汇账户，RMB NRA 账户）不得用于办理现金业务，确有需要的，需经中国人民银行批准。

1．使用范围

基本存款账户是存款人因办理日常转账结算和现金收付需要开立的银行结算账户。下列存款人，可以申请开立基本存款账户：

（1）企业法人。
（2）非法人企业。
（3）机关、事业单位。
（4）团级（含）以上军队、武警部队及分散执勤的支（分）队。
（5）社会团体。
（6）民办非企业组织。
（7）异地常设机构。
（8）外国驻华机构。
（9）个体工商户。
（10）居民委员会、村民委员会、社区委员会。
（11）单位设立的独立核算的附属机构。
（12）其他组织。

小贴士

不能开设基本存款账户的情形：
（1）个人不能开。
（2）级别不够不能开。
（3）临时机构不能开。
（4）非独立核算附属机构不能开。

2．开立所需资料

（1）企业：开立单位银行结算账户申请书；营业执照正本；法定代表人（或负责人）身份证；授权委托书（非法定代表人<或负责人>亲自办理需要）；代理人身份证（非法定代表人<或负责人>亲自办理需要）；单位客户身份信息登记表（含关联企业、控股股东、实际控制人和受益所有人信息）。

（2）机关、事业单位：开立单位银行结算账户申请书；市（区）机构编制委员会批文或事业单位法人证书；财政部门同意开户证明（预算单位需要）；法定代表人（或负责人，批文未载明的还需要其任职文件）身份证；授权委托书（非法定代表人〈或负责人〉亲自办理需要）；代理人身份证（非法定代表人〈或负责人〉亲自办理需要）；

（3）社会团体、其他组织：开立单位银行结算账户申请书；社会团体法人登记证书或民办非企业单位登记证书或基层群众性自治组织特别法人统一社会信用代码证书或主管部门文件或证明；法定代表人（或负责人，文件或证明未载明的还需要其任职文件或证明）身份证；授权委托书（非法定代表人<负责人>亲自办理需要）；代理人身份证（非法定代表人<负责人>亲自办理需要）；单位客户身份信息登记表（含实际控制人和受益所有人信息）。

（4）个体工商户：营业执照正本；本人身份证；授权委托书（非本人亲自办理需要）；代理人身份证（非本人亲自办理需要）；客户身份信息登记表（含实际控制人和受益所有人信息）；开立单位银行结算账户申请书。

3．使用规定

基本存款账户是存款人的主办账户，一个单位只能开立一个基本存款账户。

存款人日常经营活动的资金收付，以及存款人的工资、奖金和现金的支取，应通过该账户办理。

三、一般存款账户

一般存款账户是指存款人因借款或其他结算需要，在基本存款账户开户银行以外的银行营业机构开立的银行结算账户。

1．使用范围

一般存款账户用于办理存款人借款转存、借款归还和其他结算的资金收付。

该账户可以办理现金缴存，但不得办理现金支取。

开立一般存款账户没有数量限制，可以在多家银行开立多个一般存款账户。

2．开立所需资料

开立单位银行结算账户申请书；营业执照正本或事业单位法人证书或社会团体法人登记证书或民办非企业单位登记证书或基层群众性自治组织特别法人统一社会信用代码证书或主管部门文件（证明）；法定代表人（或负责人，文件或证明未载明的还需要其任职文件或证明）身份证；授权委托书（非法定代表人<或负责人>亲自办理需要）；代理人身份证（非法定代表人<或负责人>亲自办理需要）；单位客户身份信息登记表（含关联企业、控股股东、实际控制人和受益所有人信息）；基本存款账户开户许可证；因向银行借款需要应出具借款合同；或因其他结算需要应出具有关证明。

3．开户证明文件

基本存款账户开户许可证或企业基本存款账户编号；开立基本存款账户规定的证明文件；存款人因向银行借款需要，应出具借款合同；存款人因其他结算需要，应出具有关证明。

四、临时存款账户

临时存款账户是因存款人临时需要并在规定期限内使用而开立的银行结算账户（简称为临时户）。实际工作中需要开立临时存款账户的情况主要有设立临时机构、异地临时经营活动、注册验资，其中最常见的临时存款账户就是企业成立时开立的注册验资户。存款人为临时机构的，只能在其驻地开立一个临时存款账户，不得开立其他银行结算账户。存款人在异地从事临时活动的，只能在其临时活动地开立一个临时存款账户。建筑施工及安装单位企业在异地同时承建多个项目的，可根据建筑施工及安装合同开立不超过项目合同个数的临时存款账户。

临时存款账户用于办理临时机构以及存款人临时经营活动发生的资金收付，可按照国家现金管理的规定办理现金支取业务。但注册验资的临时户在验资期间只收不付，注册验资资金的汇缴人应与出资人的名称一致，验资结束后应转存基本存款账户或原路退回出资人账户。外资股东减持上市公司股份或分红的临时户不得支取现金。

临时存款账户应根据有关开户证明文件确定的期限，到期后可办理展期，但有效期最长不得超过2年。

1．使用范围

（1）设立临时机构，如设立工程指挥部、摄制组、筹备领导小组等。

（2）异地临时经营活动，如建筑施工及安装单位等在异地的临时经营活动。

（3）注册验资、增资。

（4）军队、武警单位承担基本建设或者异地执行作战、演习、抢险救灾、应对突发事件等临时任务。

2．开立所需资料

（1）异地建筑施工及安装单位：开立单位银行结算账户申请书；营业执照正本；法定代表人（或负责人）身份证；授权委托书（非法定代表人<或负责人>亲自办理需要）；代理人身份证（非法定代表人<或负责人>亲自办理需要）；单位客户身份信息登记表（含关联企业、控股股东、实际控制人和受益所有人信息）；基本存款账户开户许可证；施工及安装地建设主管部门核发的许可证；或建筑施工及安装合同。

（2）临时机构：主管部门批文或法院裁决书（破产清算）；负责人身份证及任职文件；授权委托书（非负责人亲自办理需要）；代理人身份证（非负责人亲自办理需要）；开立单位银行结算账户申请书。

（3）验资：①注册验资：开立单位银行结算账户申请书；单位名称预先核准通知书；出资人身份证件；授权委托书（非出资人亲自办理需要）；代理人身份证（非出资人亲自办理需要）。②增资验资：开立单位银行结算账户申请书；营业执照正本；基本存款账户开户许可证；企业股东会或董事会决议；出资人身份证件；授权委托书（非出资人亲自办理需要）；代理人身份证（非出资人亲自办理需要）。

3．开户时“不需要提供”基本存款账户开户登记证（或企业基本存款账户编号）的情形

（1）设立临时机构。

（2）境外（含港、澳、台地区）机构在境内从事经营活动。

（3）军队、武警单位因执行作战、演习、抢险救灾、应对突发事件等任务需要开立银行账户。

（4）验资临时账户。

4．使用规定

（1）临时存款账户的有效期最长不得超过 2 年。

（2）临时存款账户支取现金，应按照国家现金管理的规定办理。

（3）注册验资的临时存款账户在验资期间只收不付。

小贴士

临时存款账户可以办理银行收款、付款、存现、取现等各种类型的银行业务，功能与基本存款账户几乎一样，唯一不同的是，临时存款账户的期限最长不能超过 2 年，而基本存款账户没有这条限制。而且验资的临时户在注资期间只收不付，即只允许存入，不允许支取。

五、专用存款账户

专用存款账户是存款人按照法律、行政法规和规章，对其“特定”用途资金进行“专项”管理和使用而开立的银行结算账户。存款人凭同一证明文件，只能开立一个专用存款账户。

1．使用范围

专用存款账户的使用范围见表 5-1。

表 5-1　专用存款账户的使用范围

名称	注意事项
单位银行卡账户	资金必须由基本存款账户转入，该账户不得办理现金收付业务
（1）证券交易结算资金账户 （2）期货交易保证金账户 （3）信托基金账户	不得支取现金
（1）基本建设资金账户 （2）更新改造资金账户 （3）政策性房地产开发资金账户	需要支取现金的，应在开户时报中国人民银行当地分支行批准
（1）粮、棉、油收购资金账户 （2）社会保障基金账户 （3）住房基金账户 （4）党、团、工会经费账户	支取现金应按照国家现金管理的规定办理
收入汇缴账户	除向其基本存款账户或预算外资金财政专用存款账户划缴款项外，只收不付，不得支取现金
业务支出账户	除从其基本存款账户拨入款项外，只付不收，可以按规定支取现金

2．开立所需资料

开立单位银行结算账户申请书；营业执照正本或事业单位法人证书或社会团体法人登记证书或民办非企业单位登记证书或基层群众性自治组织特别法人统一社会信用代码证书或主管部门文件（证明）；法定代表人（或负责人，文件或证明未载明的还需要其任职文件或证明）身份证；授权委托书（非法定代表人〈或负责人〉亲自办理需要）；代理人身份证（非法定代表人〈或负责人〉亲自办理需要）；单位客户身份信息登记表（含关联企业、控股股东、实际控制人和受益所有人信息）；基本存款账户开户许可证；专项管理和使用资金证明文件，预算单位还需要财政部门同意开户的证明。

3．开立条件

存款人在管理与使用下列资金时，可以申请开立专用存款账户：基本建设资金，更新改造资金，财政预算外资金，粮、棉、油收购资金，证券交易结算资金，期货交易保证金，信托基金，金融机构存放同业资金，政策性房地产开发资金，单位银行卡备用金，住房基金，社会保障基金，收入汇缴资金和业务支出资金，党、团、工会设在单位的组织机构经费，其他需要专项管理和使用的资金。

其中，收入汇缴资金和业务支出资金是指基本存款账户存款人附属的非独立核算单位或派出机构发生的收入和支出的资金。因收入汇缴资金和业务支出资金开立的专用存款账户，应使用隶属单位的名称。

合格境外机构投资者在境内从事证券投资开立的人民币特殊账户和人民币结算资金账户（以下简称“QFII 专用存款账户”）、境外机构投资境内银行间债券市场的人民币资金开立的人民币特殊账户纳入专用存款账户管理。

六、预算单位零余额账户

1. 开户程序

预算单位零余额账户是指财政部门为本部门和预算单位在商业银行开设的账户，用于财政直接支付和财政授权支付及清算。

预算单位零余额账户开户程序如下所述：省级一级预算单位及无主管部门的行政事业单位，需填写银行账户审批表报省财政厅（基层预算单位填写银行账户审批表，报主管部门，主管部门还须填写财政授权支付银行开户情况汇总申请表，连同基层预算单位的银行账户审批表一并报省财政厅）；银行账户审批表经省财政厅审批后报人民银行，人民银行按规定核发开户许可证，预算单位持开户许可证，在省财政厅确定的代理银行所属分支机构内，自主选择预算单位零余额账户的开户银行，办理零余额账户开户和印鉴预留手续。

2. 开户要求

一个基层预算单位开设一个零余额账户。

3. 账户管理

预算单位未开立基本存款账户，或者原基本存款账户在国库集中支付改革后已按照财政部门的要求撤销的，作为基本存款账户管理。除上述情况外，作为专用存款账户管理。

4. 使用规定

该账户用于财政授权支付；可以办理转账、提取现金等结算业务；可以向本单位按账户管理规定保留的相应账户划拨工会经费、住房公积金及提租补贴，以及财政部门批准的特殊款项；不得违反规定向本单位其他账户、上级主管单位、所属下级单位账户划拨资金。

小贴士

各类银行结算账户的现金存取对比见表 5-2。

表 5-2 各类银行结算账户的现金存取对比

账户名称		存现	取现
基本存款账户		√	√
一般存款账户		√	×
专用存款账户	单位银行卡账户	×	×
	证券交易结算资金	√	×
	期货交易保证金	√	×
	信托基金	√	×
	收入汇缴	√	×
	业务支出	×	√
	其他专用存款账户	√	√
临时存款账户	验资	√	×
	其他	√	√
预算单位零余额账户		×	√

第二节　银行账户管理

一、银行账户的开立

银行账户是各单位通过开户银行办理转账结算、信贷以及现金借款、取款业务的主要渠道。银行账户管理是一项基础性金融管理制度。作为支付清算的监管部门，人民银行一直以来对企业开立银行账户实行核准许可制。企业开立账户需经商业银行审核和人民银行许可两个环节，商业银行按规定完成开户审核后，将企业开户资料报送人民银行，由人民银行审批并核发开户许可证。这项银行账户管理制度对于保障企业账户安全、防范支付风险发挥了积极作用。随着我国社会经济的飞速发展，企业数量急剧增加，企业经营节奏大大加快，对开立银行账户的便捷性也提出了更高的要求。与此同时，我国法律制度特别是反洗钱制度逐步建立，信息技术驱动下的相关金融基础设施逐步完善，也为转变企业银行账户管理方式提供了新的有效路径。正是基于这样的背景，国务院决定在全国分批取消企业银行账户许可。人民银行围绕“放得开、管得住、服务好”这条主线，稳步推进取消企业银行账户许可工作，并于 2019 年 7 月 22 日取消全国企业银行账户许可，比国务院要求的时间提前了 5 个多月。至此，这项已实行了 25 年的银行账户管理制度正式宣告终止，标志着金融系统落实“放管服”改革取得了新的成果。

现在，银行开户不需要核准，采用备案制，相比之前的核准制，对于企业账户管理的要求是不是就放松了呢？不是的，预约及审核要求复杂了许多，具体的操作流程如图 5-2 所示。

流程　客户申请 ⇒ 受理初审 ⇒ 上门核查 ⇒ 正式开户 ⇒ 央行备案 ⇒ 账户启用

图 5-2　银行账户的开立流程

1．客户申请

企业在工商登记的同时就可以选择银行网点预约开户。企业可以电话、短信等方式预约申请开立银行结算账户，向开户银行申报本企业身份信息（单位名称、地址、联系电话等），通过邮件、传真等方式向开户银行发送开立账户所需资料的扫描件。工商登记管理部门完成核准后，通过部门信息共享方式，将预约开户信息通过银政通系统直接发送至企业预约的开户银行。开户银行收到申请后，主动与企业对接并开展预审查，做到企业开户一次性办结。

2．受理初审

开户银行客户经理收到客户预约的开户信息后，应立即登记客户来信来访登记簿，通过联网核查开户证明文件相关信息，初审开户资料应在 1 小时内完成，同时将初审结果通知客户并预定上门核查时间。

3．上门核查

银行客户经理会在开户前上门检查并且拍照。具体核查的项目包括：现场核查，招牌门牌号比对、客户租金发票、水电费清单、法人名下公司数量核查等。

不仅前期办手续复杂，开户严格，后期的排查工作同样严肃重要。开户银行一般会通过电话联系法人，或者以实地上门方式进行排查。开户银行主要核实公司名称、税号、注册地址、主营业务、法人等，企业法人应熟悉公司登记信息，注意及时接听电话，避免因回复不及时，被认定为联系不上，从而导致无法开户、账户冻结！

小贴士

面对银行的电话检查，所有企业都要注意接听，开户银行会重点选择一些特定类型的银行账户进行核查，包括：

一人名下多家企业、一人名下多个银行对公账户、一个地址注册多个营业执照的。

经营地址为“自主申报、住所申报”等，或者经营地址不真实的。

无户口、无居住证、无社保的三无人员为法人的。

首次开户的法人，年纪偏小或偏大（小于25或大于65岁）的。

身份证地址为异地的偏远农村、手机号为异地、企业名称用字怪癖等的。

异地开立对公账户的。

长期休眠账户，长期不打对账单的账户。

无法联系到企业法人的账户。

资金过渡明显、夜间交易频繁、经营异常的可疑账户。

4．正式开户

开户银行收齐客户资料后，通知企业带着相关资料办理开户手续。

5．央行备案

企业银行账户信息、账户资料影像从银行系统自动抓取并通过银政通系统传送至省内各级人民银行备案，实现银行账户资料影像报送“直通式处理”，减少手工录入造成的错误和遗漏，整体提升企业银行账户信息化管理水平。人民银行通过银证通系统实时开展核查，并将核查不通过的业务实时反馈开户银行核实处置。全流程电子化备案、核查、反馈和跟踪系统，有助于保障企业账户业务的合规性，防止企业违规或多头开立基本存款账户行为。编写技术脚本，自动对账户数量异常变动、报备账户资料不一致情况逐日监测，及时识别账户业务及系统风险，并督促银行结合人工研判进行后续处理。如果发现某家被银行拒绝开户的企业在其他银行成功开户等情况，人民银行将根据非现场风险监测所掌握的情况，会同反洗钱部门，对相关银行进行针对性调查，倒查其落实账户实名制、客户身份识别及客户身份资料及交易记录保存等工作情况。

6．账户启用

自开户银行正式开立之日起，3个工作日后办理付款业务。

二、银行账户的年检

账户年检是指开户银行按年度根据存款人提交的账户年检资料，对已开立的人民币单位银行结算账户的合规性、合法性和账户信息、账户资料的真实性、有效性进行审核确认，同时与人民币银行结算账户管理系统中已存信息进行比对，确认是否相符，并在账户系统中标注年检标识的行为。

小贴士

为了减轻企业负担，国内部分电子商务发达省市（如浙江）已开通银行账户在线年检。如工商银行浙江省分行，企业可使用由工商局颁发的企业数字证书实现在线的账户年检，无须提交纸质材料。

三、银行账户的变更

1．银行结算账户变更的基本规定

企业变更开户资料信息的，应向开户银行提出变更申请，并按要求填写变更银行结算账户内容申请书，连同相关证明文件在 5 个工作日内提交开户银行，由开户银行办理变更手续。

2．被动变更

银行发现企业名称、法定代表人或单位负责人发生变更的，应及时通知企业办理变更手续；企业自通知送达之日起的合理期限内仍未办理变更手续，且未提出合理理由的，银行有权采取措施适当控制账户交易。

企业营业执照、法定代表人或单位负责人有效身份证件列明有效期限的，银行应当于到期日前提示企业及时更新，有效期到期后的合理期限内企业仍未更新，且未提出合理理由的，银行应当按规定中止其办理业务。

3．原开户许可证的处理

因办理变更收回企业开户许可证原件，不再换发新的开户许可证。

企业名称、法定代表人或单位负责人变更，账户管理系统重新生成新的基本存款账户编号，银行应当打印基本存款账户信息并交付企业。

企业遗失或损毁基本存款账户开户许可证的（核准制时取得的），由企业出具说明，人民银行分支机构不再补发，企业可以向基本存款账户开户银行申请打印基本存款账户信息。

四、银行账户的撤销

应当撤销银行结算账户的法定情形：

（1）被撤并、解散、宣告破产或关闭的。

（2）注销、被吊销营业执照的。

（3）因迁址需要变更开户银行的。

（4）存款人迁址视不同情况（是否变更开户行）分别适用变更或撤销的规定。

（5）因其他原因需要撤销银行结算账户的。

1．撤销程序

存款人撤销银行结算账户，必须与开户银行核对银行结算账户存款余额，交回各种重要空白票据及结算凭证，银行核对无误后方可办理销户手续。

企业因转户原因撤销基本存款账户的，银行应打印已开立银行结算账户清单并交付企业。

2．撤销顺序

撤销银行结算账户时，应当先撤销一般存款账户、专用存款账户、临时存款账户，将账户资金转入基本存款账户后，方可办理基本存款账户的撤销。

3．不得撤销银行结算账户的情形

存款人尚未清偿其开户银行债务的，不得申请撤销该银行结算账户。

4．强制撤销

银行对一年内未发生收付活动且未欠开户银行债务的单位银行结算账户，应通知单位自发出通知之日起30日内办理销户手续，逾期视同自愿销户，未划转款项列入久悬未取专户管理。

第三节　办理银行贷款

一、贷款卡

借款人在首次办理信贷业务前，应当向其注册地中国人民银行分支机构申请贷款卡。贷款卡是中国人民银行发给借款人凭以向金融机构申请办理信贷业务的资格证明。中国人民银行统一为贷款卡编码，贷款卡编码唯一。贷款卡由借款人持有，有效期1年，在中华人民共和国境内通用。贷款卡为一张IC卡。

二、贷款卡申办流程

1．领取贷款卡申请书

企业持有效营业执照副本原件（事业单位持有效事业法人登记证副本原件）和有效代码证副本原件（或代码证电子副本即IC卡）。向当地中国人民银行征信管理部门提出申请，并领取贷款卡申请书。

不具法人资格的分支机构：除上述各文件外，还应提交由上级法人出具并经公证机关公证的授权书。

授权书中应包括：

（1）同意下级分支机构办理贷款卡。

（2）承诺在下级机构无法偿还金融机构债务时承担还债责任等条款。

其他单位：确需办理贷款卡的，应提交该机构成立批文的复印件、金融机构信贷意向书。

2．填制贷款卡申请书

申请人应按照中国人民银行制作的贷款卡申请书格式文本提交书面申请。贷款卡申请书各有关表格由企业（单位）法人或财务负责人如实填写。法人代表、财务负责人、经办人分别在指定处签名（不得代签），并加盖企业（单位）公章。各有关表格的填写，应先仔细阅读各表下方说明和填表要求，各栏目的填写应有根有据，不得凭主观印象随意填写。

3．提交材料

申请人应按照中国人民银行制作的贷款卡申请书格式文本提交书面申请，如图 5-3 所示，并提交以下材料：

贷款卡申领及年审申请书

申请人全称：________________________

组织机构代码：__________ 贷款卡编码：__________

申 请 人 承 诺

本申请书中所填情况、数据及所附的报表、资料均真实有效。如有虚假之处，愿承担相应的法律责任。

特此承诺。

法定代表人签字：

单位公章：　　　　财务责任人签字：

经 办 人 签 字：

年　月　日

受理机关审查意见

经办人签字：　　　　审批人签字：

受理时间：　年　月　日　　　核准时间：　年　月　日

中国人民银行成都分行 制

图 5-3　贷款卡申领及年审申请书

（1）营业执照副本、事业单位法人证书或其他注册登记证件复印件并出示原件。

（2）组织机构代码证复印件并出示原件。

（3）经办人的身份证件复印件。

（4）主要投资人的身份证明复印件。
（5）税务登记证复印件并出示原件。
（6）中国人民银行规定的其他材料。
申请人为企业法人的，除上述材料外，还应当提交：
（1）企业法人章程。
（2）注册资本来源的证明材料。
（3）法定代表人、高级管理人员的身份证件复印件。
（4）企业法人申请贷款卡时的上年度及上季度的资产负债表、利润表及现金流量表。
申请人为事业单位法人的，除上述所列材料外，还应提供其负责人的身份证件复印件以及财务收支报表。

4. 送审

申请人提交上述文件（材料），送中国人民银行有关部门审验。对申请材料不齐全或形式不符合规定的，中国人民银行分支机构应当一次性告知申请人需要补正的内容。

5. 发卡

经审核，对符合规定且申请人提交申请书电子版的，中国人民银行分支机构应当当场发放贷款卡；对符合规定但申请人未提交申请书电子版的，中国人民银行分支机构应当自收到申请材料之日起 2 个工作日内发放贷款卡。

三、办理银行贷款

1. 借款人申请贷款应具备的条件

借款人应当是经工商行政管理机关（或主管机关）核准登记的企（事）业法人、其他经济组织、个体工商户或具有中华人民共和国国籍的具有完全民事行为能力的自然人。

借款人申请贷款，应当具备产品有市场、生产经营有效益、不挤占挪用信贷资金、恪守信用等基本条件，并且应当符合以下要求：

（1）有按期还本付息的能力，原应付贷款利息和到期贷款已清偿；没有清偿的，已经做了贷款人认可的偿还计划。

（2）除自然人和不需要经工商部门核准登记的事业法人外，应当经过工商部门办理年检手续。

（3）已开立基本存款账户或一般存款账户。

（4）除国务院规定外，有限责任公司和股份有限公司对外股本权益性投资累计额未超过其净资产总额的 50%。

（5）借款人的资产负债率符合贷款人的要求。

（6）申请中期、长期贷款的，新建项目的企业法人所有者权益与项目所需总投资的比例不低于国家规定的投资项目的资本金比例。

2. 银行贷款申办程序

（1）贷款申请。借款人需要贷款，应当向主办银行或者其他银行的经办机构直接申请。

借款人应当填写包括借款金额、借款用途、偿还能力及还款方式等主要内容的“借款申请书”并提供以下资料：

1）借款人及保证人基本情况。

2）财政部门或会计（审计）事务所核准的上年度财务报告，以及申请借款前一期的财务报告；

3）原有不合理占用的贷款的纠正情况；

4）抵押物、质物清单和有处分权人的同意抵押、质押的证明及保证人拟同意保证的有关证明文件；

5）项目建议书和可行性报告；

6）贷款人认为需要提供的其他有关资料。

（2）对借款人的信用等级评估。应当根据借款人的领导者素质、经济实力、资金结构、履约情况、经营效益和发展前景等因素，评定借款人的信用等级。评级可由贷款人独立进行，内部掌握，也可由有权部门批准的评估机构进行。

（3）贷款调查。贷款人受理借款人申请后，应当对借款人的信用等级以及借款的合法性、安全性、营利性等情况进行调查，核实抵押物、质物、保证人情况，测定贷款的风险度。

（4）贷款审批。贷款人应当建立审贷分离，分级审批的贷款管理制度。审查人员应当对调查人员提供的资料进行核实、评定，复测贷款风险度，提出意见，按规定权限报批。

（5）签订借款合同。所有贷款应当由贷款人与借款人签订借款合同。借款合同应当约定借款种类、用途、金额、利率、期限，还款方式，借、贷双方的权利、义务，违约责任和双方认为需要约定的其他事项。

保证贷款应当由保证人与贷款人签订保证合同，或保证人在借款合同上载明与贷款人协商一致的保证条款，加盖保证人的法人公章，并由保证人的法定代表人或其授权代理人签署姓名。抵押贷款、质押贷款应当由抵押人、出质人与贷款人签订抵押合同、质押合同，需要办理登记的，应依法办理登记。

（6）贷款发放。贷款人要按借款合同规定按期发放贷款。贷款人不按合同约定按期发放贷款的，应偿付违约金。借款人不按合同约定用款的，应偿付违约金。

（7）贷后检查。贷款发放后，贷款人应当对借款人执行借款合同情况及借款人的经营情况进行追踪调查和检查。

（8）贷款归还。借款人应当按照借款合同的规定按时足额归还贷款本息。

贷款人应在短期贷款到期 1 个星期之前、中长期贷款到期 1 个月之前，向借款人发送还本付息通知单；借款人应当及时筹备资金，按期还本付息。

贷款人对逾期的贷款要及时发出催收通知单，做好逾期贷款本息的催收工作。

贷款人对不能按借款合同约定期限归还的贷款，应当按规定加罚利息；对不能归还或者不能落实还本付息事宜的，应当督促归还或者依法起诉。

借款人提前归还贷款，应当与贷款人协商。

3. 银行借款申请书填写

银行借款申请书样式如图 5-4 所示。

中国工商银行借款申请书

<table>
<tr><td colspan="3">借款单位</td><td colspan="2">（公章）
负责人：（名章）
经办人：（名章）</td><td colspan="2">借款种类</td><td>人民币</td></tr>
<tr><td colspan="3">借款金额（大写）</td><td colspan="2"></td><td colspan="2">借款利率（%）</td><td></td></tr>
<tr><td colspan="3">借款用途</td><td colspan="5"></td></tr>
<tr><td colspan="4">分期借款计划</td><td colspan="4">分期还款计划</td></tr>
<tr><td>年</td><td>月</td><td>日</td><td>金额（大写）</td><td>年</td><td>月</td><td>日</td><td>金额（大写）</td></tr>
<tr><td></td><td></td><td></td><td></td><td></td><td></td><td></td><td></td></tr>
<tr><td></td><td></td><td></td><td></td><td></td><td></td><td></td><td></td></tr>
<tr><td colspan="3" rowspan="3">抵押贷款
抵押品</td><td>名称</td><td colspan="3">数量</td><td>金额（大写）</td></tr>
<tr><td></td><td colspan="3"></td><td></td></tr>
<tr><td>抵押品保管地点、保管方式</td><td colspan="4"></td></tr>
<tr><td colspan="3">担保人</td><td></td><td colspan="3">担保资产值</td><td></td></tr>
<tr><td colspan="3">信贷员
审查意见</td><td colspan="5">借款人提供的资料、经营情况属实。
信贷员：（名章）　____年____月____日</td></tr>
<tr><td colspan="3">县（市）支行贷款
审批小组意见</td><td colspan="5">组长：（名章）　____年____月____日</td></tr>
<tr><td colspan="3">上级行贷款审批
小组意见</td><td colspan="5">同意。
组长：（名章）　____年____月____日</td></tr>
</table>

图 5-4　银行借款申请书

银行借款申请书的填写方法如下：

借款用途：填写流动资金周转、设备购置、基本建设、新产品开发、商品房开发等。

其余项目按表中要求填写即可。

第四节　编制银行存款余额调节表

一、未达账项

未达账项是结算凭证在企业与银行之间（包括收付双方的企业及双方的开户银行）流转时，一方已经收到结算凭证做了银行存款的收入或支出账务处理；而另一方尚未收到结算凭证尚未入账的款项。

未达账项有四种类型：

（1）银行已收，企业未收。

（2）银行已付，企业未付。

（3）企业已收，银行未收。

（4）企业已付，银行未付。

对于（1）、（4）种情况会使企业银行存款日记账账面余额小于银行对账单余额，对于（2）、（3）种情况会使企业银行存款日记账账面余额大于银行对账单余额。无论出现哪种情况，都会使开户单位存款账面余额与银行对账单存款余额不一致，很容易开出空头支票，对此，必须编制“银行存款余额调节表”进行调节。

二、银行存款余额调节表

银行存款余额调节表是用来查明开户单位存款实有数，试算银行与开户单位的账簿记录正确性与一致性的一种表格。通过余额调节表调节后的余额才是企业银行存款的实有数。

企业应编制银行存款余额调节表，见表5-3，对未达账项进行调整，调整的具体步骤为：①将未达账项按上述四种类型分别记入银行存款余额调节表；②分别计算表中银行存款日记账和银行对账单的调节后余额，若两者相符，说明银行存款日记账正确；③将填制完毕的银行存款余额调节表，经主管会计签章之后，呈报开户银行。

表5-3　银行存款余额调节表

公司：　　　　　　　　　　　　年　月　日

项目	金额	项目	金额
企业银行存款日记账余额		银行对账单余额	
加：银行已收，企业未收		加：企业已收，银行未收	
减：银行已付，企业未付		减：企业已付，银行未付	
调节后的银行存款余额		调节后的银行存款余额	

课后习题

一、单选题

1．根据支付结算法律制度的规定，存款人更改名称，但不更改开户银行及账号的，应于一定期限向其开户银行提出银行结算账户更改申请，该期限为（　　）。

A．3日内　　B．3个工作日内

C．5个工作日内　　D．5日内

2．根据支付结算法律制度的规定，下列关于银行结算账户管理的表述中，正确的是（　　）。

A．撤销基本存款账户，应当与开户银行核对银行结算账户存款余额

B．撤销基本存款账户，可以保留未使用的空白支票

C．单位的地址发生变更，不需要通知开户银行

D．撤销单位银行结算账户应先撤销基本存款账户，再撤销其他类别账户

3．根据支付结算法律制度的规定，关于基本存款账户的下列表述中，不正确的是（　　）。

A．基本存款账户是存款人的主办账户

B．一个单位只能开立一个基本存款账户

C．基本存款账户可以办理现金支取业务

D．单位设立的独立核算的附属机构不得开立基本存款账户

4．下列存款人中可以申请开立基本存款账户的是（　　）。

A．村民委员会

B．单位设立的非独立核算的附属机构

C．营级以上军队

D．异地临时机构

5．根据支付结算法律制度的规定，下列关于一般存款账户表述正确的是（　　）。

A．只能开立一个

B．可以在基本存款账户的同一银行营业机构办理开户

C．可以办理借款转存和借款归还

D．可以支取现金

6．存款人不得申请开立临时存款账户的情形是（　　）。

A．设立临时机构　　B．异地临时经营活动

C．临时借款　　D．注册验资

7．某电影制作企业临时到外地拍摄，其在外地设立的摄制组可以开立的账户是（　　）。

A．基本存款账户　　B．一般存款账户

C．专用存款账户　　D．临时存款账户

8．根据支付结算法律制度的规定，临时存款账户的有效期最长不得超过一定期限，该期限为（　　）。

A．1年　　B．10年　　C．5年　　D．2年

9．根据支付结算法律制度的规定，下列各项中属于存款人按照法律、行政法规和规章，对其特定用途资金进行专项管理和使用而开立的银行结算账户的是（　　）。

A．基本存款账户　　B．一般存款账户

C．专用存款账户　　D．临时存款账户

10．甲地为完成棚户区改造工程，成立了W片区拆迁工程指挥部。为发放拆迁户安置资金，该指挥部向银行申请开立的存款账户的种类是（　　）。

A．基本存款账户　　B．临时存款账户

C．一般存款账户　　D．专用存款账户

11．根据支付结算法律制度的规定，下列专用存款账户中，不能支取现金的是（　　）。

A．证券交易结算资金专用存款账户　　B．社会保障基金专用存款账户

C．住房基金专用存款账户　　D．工会经费专用存款账户

12．根据支付结算法律制度的规定，预算单位应向（　　）申请开立零余额账户。

A．中国人民银行　　B．财政部门

C．上级主管部门　　D．社保部门

13．未在银行开立账户的W市退役军人事务局，经批准在银行开立了预算单位零余额账户，下列账户种类中，该零余额账户应按其管理的是（　　）。

A．一般存款账户　　B．基本存款账户

C．专用存款账户　　D．临时存款账户

14．根据支付结算法律制度的规定，下列关于预算单位零余额账户的使用，说法正确的是（　　）。

A．不得支取现金

B．可以向所属下级单位账户划拨资金

C．可以向上级主管单位账户划拨资金

D．可以向本单位按账户管理规定保留的相应账户划拨工会经费

15. 根据支付结算法律制度的规定，关于银行结算账户管理的下列表述中，不正确的是（　　）。

A. 存款人可以出借银行结算账户

B. 存款人不得出租银行结算账户

C. 存款人应当以实名开立银行结算账户

D. 存款人不得利用银行结算账户洗钱

二、多选题

1. 根据支付结算法律制度的规定，关于开立企业银行结算账户办理事项的下列表述中，正确的有（　　）。

A. 银行为企业开通非柜面转账业务，应当约定通过非柜面渠道向非同名银行账户转账的日累计限额

B. 注册地和经营地均在异地的企业申请开户，法定代表人可授权他人代理签订银行结算账户管理协议

C. 银企双方应当签订银行结算账户管理协议，明确双方的权利和义务

D. 企业预留银行的签章可以为其财务专用章加其法定代表人的签名

2. 根据支付结算法律制度的规定，下列情形中，存款人应向开户银行提出撤销银行结算账户申请的有（　　）。

A. 存款人被宣告破产的

B. 存款人因迁址需要变更开户银行的

C. 存款人被吊销营业执照的

D. 存款人被撤并的

3. 单位银行结算账户按用途分为（　　）。

A. 基本存款账户　　B. 一般存款账户

C. 专业存款账户　　D. 临时存款账户

4. 下列存款人中，可以申请开立基本存款账户的有（　　）。

A. 甲公司　　B. 丙会计师事务所

C. 乙大学　　D. 丁个体工商户

5. 申请人申请开立（　　）应向银行出具基本存款账户开户登记证或企业基本存款账户编号。

A. 因注册验资而开立的临时存款账户

B. 因借款而开立的一般存款账户

C. 因临时经营需要而开设的临时账户

D. 因管理更新改造资金而开立的专用账户

6. 下列银行结算账户中，可以支取现金的有（　　）。

A. 基本存款账户　　B. 一般存款账户

C. 临时存款账户　　D. 单位银行卡账户

7. 甲公司预留银行单位公章不慎丢失，向开户银行申请更换印章。下列文件中，甲公司应向开户银行出具的有（　　）。

A. 街道办事处证明　　B. 营业执照正本

C．司法部门的证明　　　　　　　　D．原印鉴卡片

8．根据支付结算法律制度的规定，关于单位存款人申请变更预留银行的单位财务专用章的下列表述中，正确的有（　　）。

A．需提供原预留的单位财务专用章

B．需提供单位书面申请

C．需重新开立单位存款账户

D．可由法定代表人直接办理，也可授权他人办理

9．甲公司法定代表人为李某，其授权的代理人为张某。下列关于甲公司到开户银行办理银行手续的表述中，正确的有（　　）。

A．申请临时存款账户展期，张某不能办理

B．变更银行结算账户事项，可由张某办理

C．变更预留银行公章，可由张某办理

D．撤销单位银行结算账户，张某不能办理

三、判断题

1．甲公司在A区市场监督管理局办理登记注册，为便于统一管理，A区市场监督管理局要求甲公司在工商银行开立基本存款账户，该做法符合法律规定。（　　）

2．存款人未清偿其开户银行债务的，也可以撤销该银行结算账户。（　　）

3．个体工商户凭营业执照以字号或经营者姓名开立的银行结算账户纳入单位银行结算账户管理。（　　）

四、实训题

2020年12月31日，长江有限公司的银行存款日记账余额为160 000元，银行对账单余额为162 000元，未达账项如下：

（1）12月30日，企业开出转账支票2 000元，用于支付购买原材料，供货方尚未到银行办理转账，银行未入账。

（2）12月30日，公司存入转账支票一张，金额为3 200元，银行未入账。

（3）12月30日，公司委托银行代收款项4 000元，银行已收到入账，但企业尚未收到通知。

（4）12月31日，银行代收水电费500元，已入账，但企业尚未收到通知。

（5）12月31日，公司存入现金支票一张，金额为300元，银行尚未入账。

根据上述资料，编制银行存款余额调节表（表5-4）。

表5-4　银行存款余额调节表

公司：　　　　　　　　　　　　年　月　日

项目	金额	项目	金额
企业银行存款日记账余额		银行对账单余额	
加：银行已收，企业未收		加：企业已收，银行未收	
减：银行已付，企业未付		减：企业已付，银行未付	
调节后的银行存款余额		调节后的银行存款余额	

第六章

出纳相关凭证与账簿

问题引入

一天，出纳沙悟净对朱八戒说：“咱们对对账吧……”八戒说：“对账，哈哈哈，那有什么好对的，我还信不过你，哈哈哈……”就在这时，孙经理走过来说：“不用对么？”朱会计尴尬地说：“用……”

快下班了，按照日清月结的规定，沙出纳对每天发生的收付凭证逐笔登记现金日记账和银行存款日记账。今天发生的收付业务有好几笔呢，于是，沙悟净仔细地复核着凭证，并翻开日记账，开始认真地登记起来……

学习目标

了解外来原始凭证与自制原始凭证
能够填制原始凭证
掌握金额错误的更正方法
了解记账凭证的填制要求
能够对账、结账
了解错账更正方法的适用范围

第一节　会 计 凭 证

按照填制的程序和用途不同，会计凭证可分为原始凭证和记账凭证。

一、原始凭证

原始凭证是用于记录或证明经济业务的发生或完成情况的原始凭据，如收据、出库单、发料单、发票等，需要注意的是，像购货申请单、银行对账单等不能作为原始凭证。

1．原始凭证的种类

原始凭证多种多样，根据不同的标准可以对其进行不同的分类。

（1）按取得的来源分类，原始凭证可分为自制原始凭证和外来原始凭证。

1）自制原始凭证是指由本单位有关部门和人员，在执行或完成某项经济业务时填制的原始凭证。例如：领料单、产品入库单、借款单（非会计）；折旧费计算表、工资费用分配表（会计）。

2）外来原始凭证是指在经济业务发生或完成时，从其他单位或个人直接取得的原始凭证。例如：购买物资发票、出差报销的火车票。

（2）按照填制手续和内容分类，原始凭证可分为一次凭证、累计凭证和汇总凭证。

1）一次凭证是指一次填制完成，只记录一笔经济业务且仅一次有效的原始凭证；有的是外来的，有的是自制的；反映一项业务或若干项同一性质业务。例如，收据、收料单、发货票、银行结算凭证等。

2）累计凭证是指在一定时期内多次记录发生的同类型经济业务且多次有效的原始凭证。例如，限额领料单。

3）汇总凭证是指对一定时期内反映经济业务内容相同的若干张原始凭证，按照一定标准综合填制的原始凭证。例如，发出材料汇总表、工资结算汇总表。

（3）按照格式的不同分类，原始凭证可分为通用凭证和专用凭证。

1）通用凭证是指有关部门统一印制，统一格式和使用方法的原始凭证。例如，发票、收据、银行转账结算凭证等。

2）专用凭证是指单位自行印制、仅在本单位内部使用的原始凭证，例如，领料单、差旅费报销单、折旧计算表、工资费用分配表等。

2．原始凭证的基本内容

原始凭证的基本内容包括凭证的名称，填制凭证的日期，填制凭证单位名称和填制人姓名，接受凭证单位名称，经济业务内容，数量、单价和金额，经办人员的签名或者盖章。

3．原始凭证的填制要求

（1）记录真实。原始凭证上记录的经济内容和数字，必须真实可靠，符合经纪业务的实际情况，更要符合国家有关法律、法规、制度的要求，还要符合实际情况。经办业务的部门和人员要认真审核，签名盖章，对凭证的真实性和正确性负责。

（2）内容完整。原始凭证所要求填列的项目必须逐项填列齐全，不得遗漏或省略。原始凭证中的日期要按照填制原始凭证的实际日期填写；名称要齐全，不能简化；品名或用途要填写明确，不能含糊不清；有关人员的签章必须齐全。

（3）手续完备。单位自制的原始凭证必须有经办单位相关负责人的签名或盖章；对外开出的原始凭证必须加盖本单位公章或者财务专用章；从外部取得的原始凭证，必须盖有填制单位的公章或财务专用章；从个人取得的原始凭证，必须有填制人员的签名或盖章。总之，取得原始凭证的手续必须完备，以明确经济责任，确保凭证的合法性和真实性。

（4）书写清楚、规范。原始凭证要按规定填写，文字要简明，字迹清楚；不得使用未经国务院公布的简化汉字；阿拉伯数字应逐个书写，不得连笔；小写金额不得留有空白，数字填写到角、分；大写金额中的壹、贰、叁、肆、伍、陆、柒、捌、玖、拾、佰、仟、万、亿、元、角、分、零、整等，应一律用正楷或行书字书写；大写金额前未印有“人民币”字样的，应加写“人民币”。

（5）连续编号。各种凭证要连续编号，以便检查；已预先印定编号的原始凭证，因错作废时，加盖作废戳记，妥善保管，不得撕毁。

（6）不得涂改、刮擦、挖补。如果出现金额错误，应由出具单位重开，不得在原始凭证上更正；如果出现其他错误，应由出具单位重开或更正，更正处加盖单位印章。

（7）填制及时。原始凭证应当根据经济业务的执行和完成情况按照有关制度的规定及时填制，不得拖延、积压，并按规定的程序及时送交会计部门审核、记账，防止因原始凭证填制不及时，事后记忆模糊而出现差错等情况。

4．原始凭证的审核

（1）原始凭证的审核要点。

1）审核原始凭证的真实性：包括日期是否真实、业务内容是否真实、数据是否真实等。

2）审核原始凭证的合法性：经济业务是否符合国家有关政策、法规、制度的规定，是否有违法乱纪等行为。

3）审核原始凭证的合理性：原始凭证所记录的经济业务是否符合企业生产经营活动的需要、是否符合有关的计划和预算等。

4）审核原始凭证的完整性：原始凭证的内容是否齐全，包括有无漏记项目、日期是否完整、有关签章是否齐全等。

5）审核原始凭证的正确性：包括数字是否清晰，文字是否工整，书写是否规范，凭证联次是否正确，有无刮擦、涂改和挖补等。

（2）原始凭证的审核方法。

1）审核“要素”。在确认原始凭证是财政、税务部门允许使用的发票、收据、车船票以及内部自制凭证等反映经济业务发生书面证明有效的基础上，根据《会计基础工作规范》规定，进行其基本要素构成的完备性检查，即审核凭证的名称，凭证填制日期和编号，接受单位名称，经济业务内容，数量、单价和金额，填制凭证单位名称及经办人的签名及盖章等。

2）审核“抬头”。主要审核凭证上的“抬头”是否与本单位名称相符，有无添加、涂改的现象。如果不符，应查清为什么在本单位报销，防止把其他单位或私人购物的发票拿来报销。

3）审核“号码”“开票日期”“报销日期”。首先审核同一单位出具的凭证，其号码与日期是否矛盾。如果同一单位出具的凭证较多，可以通过摘录排序发现。例如：某单位开出的14667号发票的日期是2021年9月，而同本中14682号发票的开具日期则为2021年7月。后经审核，该事项严重违反结算纪律。其次，要审核凭证开具的日期与报销日期是否异常。一般情况，上述两者的日期不会间隔太长。如果较长，则要查询原因。

4）审核“填写内容”。发票中各项内容填写不规范、不齐全、不正确、涂改现象严重，是虚假原始凭证的主要表现特征。如凭证字迹不清，“开票人”仅填“姓氏”，计量单位不按国家计量法定单位而随意以“桶”“袋”“车”来度量，货物名称填写不具体，胡乱填写其他物品名称。联系实际工作，特别要防止虚开的运输费用发票和劳务费发票。

实际工作中，有的单位有关人员往往通过科协、技协等单位，取得“咨询费”“劳务费”为名的发票，虚报支出后套取现金，用于发放部门的奖金、支付佣金、回扣、招待费等。财会人员审核原始凭证时，必须留意这种情况。

5）审核“数字”。具体检查以下方面：数量乘单价是否等于金额；分项金额相加是否等于合计数；小写金额是否等于大写金额；阿拉伯数字是否涂改。

6）审核是否“阴阳票”。采用多联式发票办理结算业务，复写是必不可少的环节。对于背面无复写笔迹的支出凭证上（通常称“阴阳票”），存在“大头小尾”的可能性，必须向持票人查询原因。

7）审核“限额”。出于票证管理的需要，有的发票规定最高限额为“千位”，但是开票人却在发票上人为地增添一栏“万位”。对于这类支出凭证，不是违纪就是违规。

8）审核“经济内容”。审核行业专用发票与填写的经济内容是否一致。私自改变发票的使用范围，跨行业使用或者借用发票，是虚假原始凭证的重要特征。

9）审核“白条抵库”。“白条抵库”现象是指出纳支付员工借款后，由于借款单据不符合规定等原因，没有把借条交给会计做账，而是将借条留在保险柜里充当现金，等员工还款，再将借条退还的现象。

在实际工作中，一些单位不同程度地存在“白条”作支出凭证的事项。这些“白条”是由单位或个人开具的没有固定格式、不具备规定内容的非正式原始凭证。财会人员遇到“白条”，一定要查明原因，审核手续，严格拒收。

正常的报销工作流程中，员工的还款大多是以报销形式为主，一般都是先报销后还款。还款时，出纳要根据台账核实该笔借款的时间、金额，然后开具收款收据给对方作为还款的证明。

10）审核“印章”。主要是检查印章是否符合规定。这里所说的印章，是指具有法律效力和特定用途的“公章”，即能够证明单位身份和性质的印章，包括业务公章、财务专用章、发票专用章、结算专用章等。虚假发票印章一般特征表现为：印章本身模糊，或盖印时有意用力不够以致不清晰；专用章不是采用符合规定的印章而是乱盖其他印章，张冠李戴。此外，有的甚至干脆不盖印章。

二、记账凭证

记账凭证是会计人员根据审核无误的原始凭证，按照经济业务的内容加以归类，并据以确定会计分录后所填制的会计凭证，是登记会计账簿的直接依据。

1. 记账凭证的种类

（1）按照使用范围的不同，记账凭证可分为通用记账凭证和专用记账凭证。

1）通用记账凭证是指各类经济业务共同使用的，统一格式的记账凭证。

2）专用记账凭证是指专门记录某一类经济业务的记账凭证。专用记账凭证按其所记录的经济业务是否与货币资金收付有关又可分为收款凭证、付款凭证和转账凭证三种。

① 收款凭证：记录现金和银行存款收款业务的记账凭证，如图 4-9 所示。

② 付款凭证：记录现金和银行存款付款业务的记账凭证，如图 4-10 所示。

③ 转账凭证：记录不涉及现金和银行存款业务的记账凭证，如图 6-1 所示。

转 账 凭 证

年 月 日 转字第 号

摘 要	数 量	总账科目	子目或户名	借方金额										贷方金额										记账
				千	百	十	万	千	百	十	元	角	分	千	百	十	万	千	百	十	元	角	分	
合 计																								

附件 张

会计主管 审核 制证 记账

图 6-1 转账凭证

（2）按照所包括的会计科目是否单一，记账凭证可分为复式记账凭证和单式记账凭证两类。

1）复式记账凭证是指一项经济业务所涉及的会计科目都集中填列在一张记账凭证上的记账凭证。

2）单式记账凭证是指将一项经经济业务所涉及的每个会计科目，分别填制记账凭证，每张记账凭证只填列一个会计科目的记账凭证。

（3）按是否经过汇总，记账凭证可分为汇总记账凭证和非汇总记账凭证。

1）汇总记账凭证是根据同类记账凭证定期加以汇总而重新编制的记账凭证，目的是为了简化登记总分类账的手续。汇总记账凭证根据汇总方法的不同，又可分为分类汇总凭证和全部汇总凭证两种。

① 分类汇总凭证是根据一定期间的记账凭证按其种类分别汇总填制的。

② 全部汇总凭证。是根据一定期间的记账凭证全部汇总填制的。

2）非汇总记账凭证是没有经过汇总的记账凭证，前面介绍的收款凭证、付款凭证和转账凭证以及通用记账凭证都是非汇总记账凭证。

2. 记账凭证的填制要求

除结账和更正错账可以不附原始凭证外，其他记账凭证必须附原始凭证。

记账凭证可以根据每一张原始凭证填制，或根据若干张同类原始凭证汇总填制，也可根据原始凭证汇总表填制；但不得将不同内容和类别的原始凭证汇总填制在一张记账凭证上。

对于涉及“库存现金”和“银行存款”之间的经济业务，一般只编制付款凭证，不编制收款凭证。

（1）提取现金：

借：库存现金

　　贷：银行存款

（2）送存现金：

借：银行存款

　　贷：库存现金

出纳员办理完收付款业务后，应在原始凭证上加盖“收讫”或“付讫”的戳记，以避免重收重付。

3. 记账凭证的审核

（1）内容是否真实。

主要审核记账凭证是否附有原始凭证，原始凭证是否齐全、内容是否合法，记账凭证记录的经济业务与所附原始凭证反映的经济业务是否相符。

（2）项目是否齐全。

主要审核记账凭证各项目的填写是否齐全，如日期、凭证编号、摘要、会计科目、金额、所附原始凭证张数及有关人员签章等。

（3）科目是否正确。

主要审核记账凭证的应借、应贷会计科目是否正确，账户对应关系是否清晰，使用的会计科目及其核算内容是否符合国家统一的会计制度的规定等。

（4）金额是否准确。

主要审核记账凭证与原始凭证的有关金额是否一致，计算是否准确，记账凭证汇总表的金额与记账凭证的金额是否相符等。

（5）书写是否正确。

主要审核文字、数字是否工整、清晰，是否按规定进行更正等。

在审核过程中，如果记账前发现记账凭证填制有错误，或者不符合要求，则需要由填制人员重新填制。若已记账，应查明原因，按规定的方法及时更正。

三、会计凭证的装订

1. 会计凭证的粘贴

会计凭证粘贴的顺序，由右往左，从小到大开始粘贴。

如果遇到发票面积较大，超过粘贴单上下限或左右限的，则可以在不影响内容的情况下缩放，以缩放的复印件作为凭证裁剪、折叠在一起。裁剪时，需要注意凭证的内容不要被裁剪；需要折叠的凭证（大小超过了粘贴单），应以粘贴单的右上角为基准对齐粘贴。超出部分，则折叠起来。

汇总报销证上需要注明实际附件张数。每张票据均需盖附件章，付款单位（或客户）处请盖本单位名称章。

粘贴多张凭证的时候，要对齐背后的粘贴单，粘完一张票据之后，错开 1 厘米左右的距离，继续贴下一张，如图 6-2 所示。

如果票据比较多，可以采用鱼鳞贴票法，分类粘贴妥当，如图 6-3 所示。

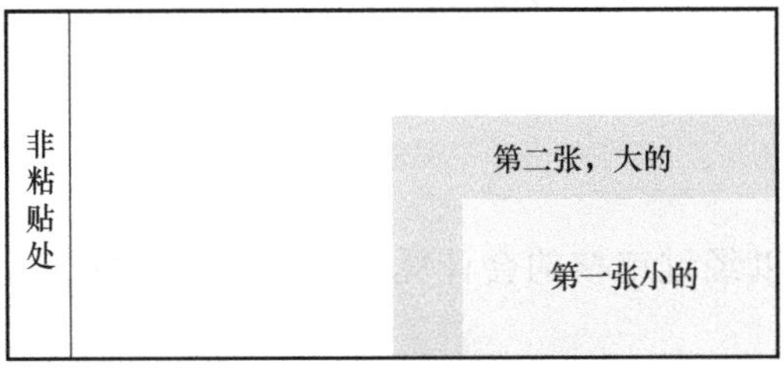

图 6-2 多张凭证粘贴

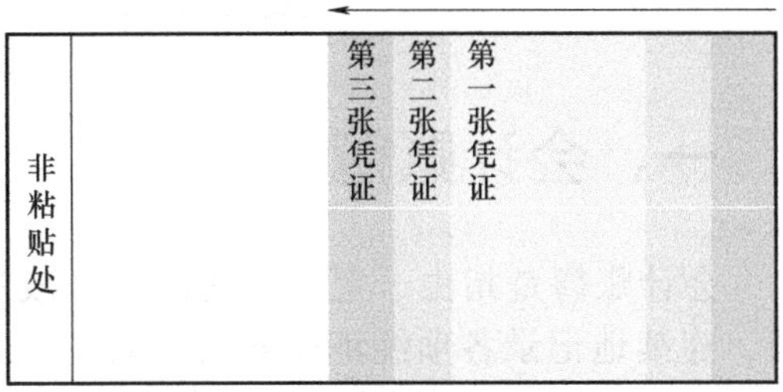

图 6-3 鱼鳞贴票法

2．会计凭证的装订

会计凭证的装订程序如下：

步骤一：摘掉凭证上的大头针等铁器并将记账凭证按凭证编号顺序码叠放。记账凭证放在上面，所附原始凭证放在各自记账凭证的后面。

步骤二：将记账凭证汇总表放在最前面，并放上封面、封底（抽出凭证记录）。封面一般应用牛皮纸。

步骤三：在码放整齐的记账凭证左上角放一张约 8×8 厘米大小的包角纸。包角纸要厚一点，其左边和上边与记账凭证的左边和上边取齐。

步骤四：过包角线上沿距左边 5 厘米处和左沿距上边 4 厘米处在包角纸上画一条直线，并用两点将此直线等分，再分别从等分直线的两点处将包角纸和记账凭证打上两个装订孔。

步骤五：用绳沿虚线方向穿绕扎紧（结应扎在背面），如图 6-4 所示。

步骤六：从正面折叠包角纸，粘贴成如图 6-5 所示形状，并将画斜线部分剪掉。

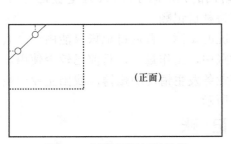

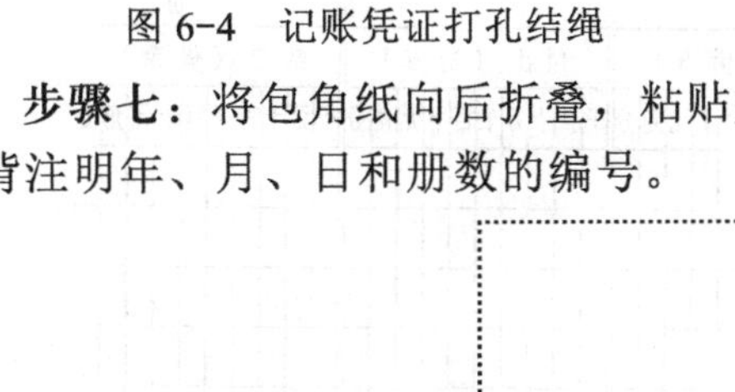

图 6-4 记账凭证打孔结绳

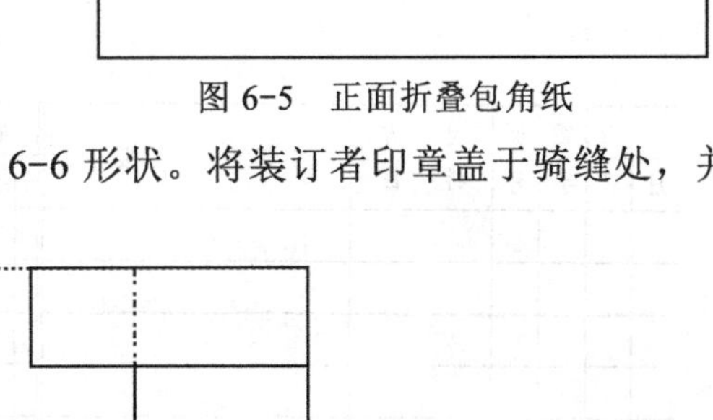

图 6-5 正面折叠包角纸

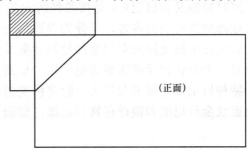

步骤七：将包角纸向后折叠，粘贴如图 6-6 形状。将装订者印章盖于骑缝处，并在脊背注明年、月、日和册数的编号。

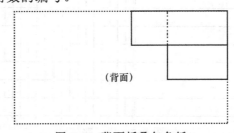

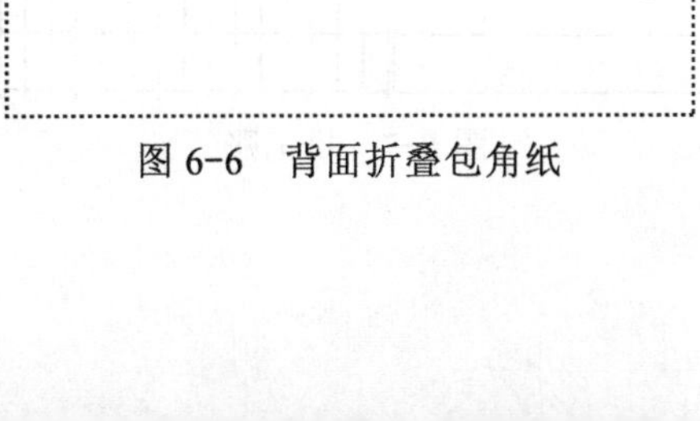

图 6-6 背面折叠包角纸

第二节 会 计 账 簿

一、会计账簿

会计账簿是指由一定格式的账页组成的，以经过审核的会计凭证为依据，全面、系统、连续地记录各项经济业务的簿籍。

设置和登记会计账簿，既是填制和审核会计凭证的延伸，也是编制财务报表的基础，是连接会计凭证和财务报表的中间环节。

二、会计账簿的作用

（1）会计账簿是对凭证资料的系统总结，记载、储存会计信息。

（2）会计账簿是考核企业经营情况的重要依据，分类、汇总会计信息。

（3）会计账簿是财务报表资料的主要来源，编报、输出会计信息。

三、会计账簿的分类

（一）按用途的不同分类

会计账簿按用途的不同分类，可以分为序时账簿、分类账簿和备查账簿。

1. 序时账簿

序时账簿又称日记账，是按照经济业务发生时间的先后顺序逐日、逐笔登记的账簿。序时账簿按其记录的内容，可分为普通日记账和特种日记账。

普通日记账是用来登记全部经济业务发生情况的账簿。普通日记账只能由一个人负责并且每笔会计记录都需要逐笔分别转记到分类账中，工作量大，目前已较少使用。

特种日记账是用来登记某一特定种类的经济业务发生情况的账簿。我国企业一般都只设置现金日记账和银行存款日记账，如图 6-7 所示。

日 记 账

第　　页

年		凭证		对方科目	摘要	收入（借方）										付出（贷方）										结存（借余）									
月	日	字	号			千	百	十	万	千	百	十	元	角	分	千	百	十	万	千	百	十	元	角	分	千	百	十	万	千	百	十	元	角	分

图 6-7　日记账

2．分类账簿

分类账簿是按照分类账户设置登记的账簿。分类账簿按其反映经济业务的详略程度，可分为总分类账簿和明细分类账簿。

总分类账簿又称总账，是根据总分类账户开设的，能够全面反映企业的经济活动。总分类账簿主要为编制财务报表提供直接数据资料，主要采用三栏式。一个会计主体一般只设置一套总分类账簿，如图 6-8 所示。

科目名称：　　　　　　**总　　账**　　　　　　第　　页

年		凭证		摘要	借方											贷方											借或贷	余额										
月	日	种类	号数		亿	千	百	十	万	千	百	十	元	角	分	亿	千	百	十	万	千	百	十	元	角	分		亿	千	百	十	万	千	百	十	元	角	分

图 6-8　总账

明细分类账簿又称明细账，是根据明细分类账户开设的，用来提供明细资料的核算，如图 6-9 所示。明细分类账簿采用的格式主要有三栏式明细账、数量金额式明细账和多栏式明细账。

总账对所属的明细账起统驭作用，明细账对总账进行补充和说明。

明细账

明细科目：＿＿＿＿＿＿　　　　分户第　　页

户　　名：＿＿＿＿＿＿　　　　订本第　　页

年		记账凭单编号	摘要	借方										贷方										借或贷	余额									
月	日			千	百	十	万	千	百	十	元	角	分	千	百	十	万	千	百	十	元	角	分		千	百	十	万	千	百	十	元	角	分

图 6-9　明细账

3．备查账簿

备查账簿又称辅助登记簿或补充登记簿，是指对某些在序时账簿和分类账簿中未能记载或记载不全的经济业务进行补充登记的账簿，如租入固定资产登记簿、代管商品物资登记簿等。

（二）按账页格式的不同分类

按账页格式的不同，会计账簿可以分为两栏式账簿、三栏式账簿、多栏式账簿、数量金额式账簿和横线登记式账簿。

1．两栏式账簿

两栏式账簿是指只有借方和贷方两个金额栏目的账簿。

2．三栏式账簿

三栏式账簿是指设有借方、贷方和余额三个金额栏目的账簿。三栏式账簿适用于只需要进行金额核算的经济业务。各种日记账、总账及资本、债权、债务明细账都可采用三栏式账簿。

3．多栏式账簿

多栏式账簿是指在账簿的两个金额栏目（借方和贷方）按需要分设若干专栏的账簿。这种账簿可以按“借方”和“贷方”分别设专栏，也可以只设“借方”或“贷方”专栏，设多少栏则根据需要确定。收入、成本、费用明细账一般采用这种格式的账簿，如图 6-10 所示。

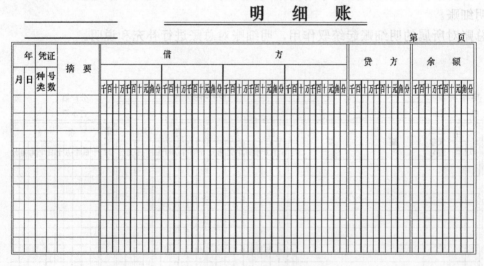

明　细　账

第　　页

年		凭证		摘要	借方				贷方	余额
月	日	种类	号数							
					千百十万千百十元角分	千百十万千百十元角分	千百十万千百十元角分	千百十万千百十元角分	千百十万千百十元角分	千百十万千百十元角分

图 6-10　多栏式明细账

4．数量金额式账簿

数量金额式账簿是指在账簿的借方、贷方和余额三个大栏目内，每个栏目再分设数量、单价和金额三小栏的账页组成的账簿，借以反映财产物资的实物数量和价值量。原材料、库存商品等明细账一般采用数量金额式账簿，如图 6-11 所示。

明细科目：__________ **明细分类账** 分户第______页

户名或品名：__________ 类别： 规格： 计量单位： 订本第______页

年		凭证编号	摘要	借方												贷方												借或贷	余额											
月	日			数量	单价	金额										数量	单价	金额											数量	单价	金额									
						千	百	十	万	千	百	十	元	角	分			千	百	十	万	千	百	十	元	角	分				千	百	十	万	千	百	十	元	角	分

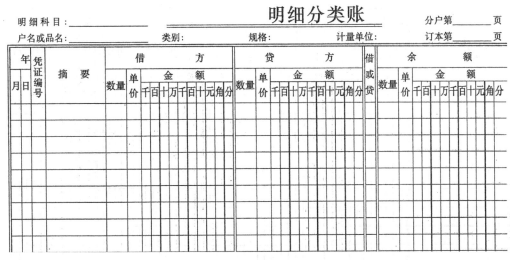

图 6-11 数量金额式明细账

5. 横线登记式账簿

横线登记式账簿又称平行式账簿，是指将前后密切相关的经济业务登记在同一行上，以便检查每笔业务的发生和完成情况的账簿。材料采购、在途物资、应收票据和一次性备用金等明细账一般采用横线登记式账簿。

（三）按外形特征的不同分类

按外形特征的不同分类，会计账簿可分为订本式账簿、活页式账簿和卡片式账簿。

1. 订本式账簿

订本式账簿简称订本账，是在启用前将编有顺序页码的一定数量的账页装订成册的账簿。

优点：能避免账页散失和防止抽换账页。

缺点：不能准确为各账户预留账页。

适用：总分类账、现金日记账、银行存款日记账。

2. 活页式账簿

活页式账簿简称活页账，是将一定数量的账页置于活页夹内，可根据记账内容的变化而随时增加或减少部分账页的账簿，如图 6-12 所示。

优点：记账时可以根据实际需要，随时将空白账页装入账簿，或抽去不需要的账页，便于分工记账。

缺点：如果管理不善，可能会造成账页散失或故意抽换账页。

适用：一般适用于明细分类账。

应交税金——应交增值税明细账

连续第　　页
第　　页

年		凭证		摘要	借方		贷方			借或贷	余额
					进项税额	已交税金	销项税额	出口退额	进项税额转出		
月	日	字	号		百十万千百十元角分	百十万千百十元角分	百十万千百十元角分	百十万千百十元角分	百十万千百十元角分		百十万千百十元角分

图 6-12　活页式账簿

3. 卡片式账簿

卡片式账簿简称卡片账，是将一定数量的卡片式账页存放于专设的卡片箱中，可以根据需要随时增添账页的账簿，如图 6-13 所示。

固定财产卡片　　　　第　　号

类别　　　　　　　　年　月　日

303-14

编号		名称		新旧程度		财产来源	
牌号		规格		财产原值		保管地点	
数量		特征		来源时间		已使年限	
所属设备							
折旧价格		折旧年限		年折旧额		清理残值	
备注							

图 6-13　卡片式账簿

在我国，企业一般只对固定资产的核算采用卡片账形式，也有少数企业在材料核算中使用材料卡片。

四、现金日记账

出纳所经手的每一笔现金收、支业务，都要有相应的单据记录，如支付报销费用时有对应的报销单、发票等单据。这些单据最后都要由出纳交给会计做账。如果出纳在单据交接出去后，想要了解当时的支付金额、报销人员等业务信息时，就得去找会计要凭证，而要想在一本本凭证中找到自己想要的凭证就如大海捞针一样困难，故出纳一定要有自己的一本流水账，这就是现金日记账。

现金日记账一般在会计用品店可以买到，不同的现金日记账格式会各有不同，但主要事项如日期、摘要、借方、贷方及余额都是必须记录的。

现金日记账是出纳员根据业务发生时间的先后顺序逐日逐笔登记的。根据库存现金收款凭证、银行存款付款凭证（提现）登记收入栏，根据库存现金付款凭证登记支出栏。每日终了，结出收支合计和余额，与现金核对；每月终了，应与总账现金账户余额核对，以保证账款相符、账账相符。

1．现金日记账的启用

企业开始经营时，为了加强现金收支管理，出纳员必须及时设置现金日记账来登记现金收付存情况。另外，每年终了，出纳员必须将本年度的旧账交由档案人员归档并启用下一年度新账。

启用账簿时应填写现金日记账扉页，并且要在账簿扉页上贴上印花税票（现在部分实施网上申报的企业多数在网上直接申报印花税，不直接在账簿上贴花），账簿使用登记表的格式如图 6-14 所示。

现金日记账使用登记表

<table>
<tr><td colspan="3">使用者名称</td><td colspan="2"></td><td>印鉴</td></tr>
<tr><td colspan="3">账簿编号</td><td colspan="2"></td><td rowspan="7"></td></tr>
<tr><td colspan="3">账簿页数</td><td colspan="2">本账簿共使用　　页</td></tr>
<tr><td colspan="3">启用日期</td><td colspan="2">年　　月　　日</td></tr>
<tr><td colspan="3">截止日期</td><td colspan="2">年　　月　　日</td></tr>
<tr><td rowspan="3">责任者盖章</td><td>出纳</td><td>审核</td><td>主管</td><td>部门领导</td></tr>
<tr><td></td><td></td><td></td><td></td></tr>
<tr><td></td><td></td><td></td><td></td></tr>
</table>

<table>
<tr><td colspan="5">交接记录</td></tr>
<tr><td rowspan="2">姓名</td><td rowspan="2">交接日期</td><td rowspan="2">交接盖章</td><td colspan="2">监交人员</td></tr>
<tr><td>职务</td><td>姓名</td></tr>
<tr><td rowspan="2"></td><td>经管　年　月　日</td><td></td><td></td><td></td></tr>
<tr><td>交出　年　月　日</td><td></td><td></td><td></td></tr>
<tr><td rowspan="2"></td><td>经管　年　月　日</td><td></td><td></td><td></td></tr>
<tr><td>交出　年　月　日</td><td></td><td></td><td></td></tr>
<tr><td rowspan="2"></td><td>经管　年　月　日</td><td></td><td></td><td></td></tr>
<tr><td>交出　年　月　日</td><td></td><td></td><td></td></tr>
<tr><td rowspan="2"></td><td>经管　年　月　日</td><td></td><td></td><td></td></tr>
<tr><td>交出　年　月　日</td><td></td><td></td><td></td></tr>
<tr><td>印花税票</td><td colspan="4"></td></tr>
</table>

图 6-14　账簿启用表

根据《会计基础工作规范》第五十九条规定："启用会计账簿时，应当在账簿封面上写明单位名称和账簿名称。在账簿扉页上应当附启用表，包括：启用日期、账簿页数、记账人员和会计机构负责人、会计主管人员姓名，并加盖名章和单位公章。记账人员或者会计机构负责人、会计主管人员调动工作时，应当注明交接日期、接办人员和监交人员姓名，并由交接双方人员签名或盖章。"

启用订本式账簿，应当从第一页到最后一页顺序编定页数，不得跳页、缺号。使用活页式账簿，应当按账户顺序编号，并定期装订成册；装订后再按实际使用的账页顺序编定页码；另加目录，记明每个账户的名称等。

2．现金日记账的建账

现金日记账的建账就是将上一年度的结余数过渡到新的账簿上。

现金日记账启用后，应将旧账簿中的余额过渡到新启用的账簿中来，在新启用的现金日记账首页首行进行记录。

3．登记现金日记账

登记现金日记账时，书写要规范、工整，无涂改的痕迹；记账应该用记账专用笔，不能用铅笔或圆珠笔书写；登记日记账过程中发生的书写错误，应用规定的改错方法进行更正。

一般而言，现金日记账上的"日期""摘要""借方金额（或增加金额）""贷方金额（或减少金额）""余额"为必填项。

现金日记账登记方法如下：

（1）日期：填入业务发生的日期。

（2）凭证编号：填写收付款凭证的种类和编号。

（3）票据号数：填写票据的号码。

（4）摘要：说明收付款业务的内容。摘要的文字要简明扼要，说清楚经济业务的内容。

（5）借方金额（或增加金额）：登记库存现金增加的金额，如 12 月 1 日收到客户交来定金 2 000 元，则在借方栏写 2 000.00 的记录，表示现金增加 2 000 元。

（6）贷方金额（或减少金额）：登记库存现金减少的金额，如 12 月 1 日存入银行 20 000 元，则在贷方栏写 20 000.00 的记录，表示现金减少 20 000 元。

（7）余额：表示库存现金的余额，应根据"本行余额=上行余额+本行借方–本行贷方"公式计算填入。

出纳工作应遵循"日事日毕"原则，即当天的业务当天记录，记录当日发生额，并结出余额，最后合计本日借方、贷方发生额，如图 6–15 所示。

（8）日记账首行和末行填写：每一页登记完后，必须按规定结转下页。结转时，应根据"承前页"的借方加上本页的借方发生数，得出"过次页"的借方金额，同理计算"过次页"的贷方金额，并算出余额，写在本页最后一行，并在摘要注明"过次页"。"承前页"的金额可以直接根据上页的"过次页"金额填写，并在摘要栏注明"承前页"字样。

现　金　日　记　账　　　　第 01 页

2020年		凭证		票据号数	摘要	借方	贷方	余额	核对
月	日	种类	号数			百十万千百十元角分	百十万千百十元角分	百十万千百十元角分	
					承前页	26975000	26175000	800000	☐
12	01				收到个人客户预交的定金	200000		1000000	☐
12	01				收到收银员交来的当天现金销售货款	1800000		2800000	☐
12	01				存现		2000000	800000	☐
12	01				取现	1000000		1800000	☐
12	01				总经理预支业务招待费		200000	1600000	☐
12	01				销售部报销差旅费		321700	1278300	☐
12	01				报销会计用品		12600	1265700	☐
12	01				本日合计	3000000	2534300	1265700	☐
									☐
									☐
									☐
									☐

图 6-15　现金日记账

4. 现金的日常盘点

登记现金日记账除了作为出纳所经手业务的记录载体外，还有一个用处，就是出纳随时可以根据日记账上的余额与实际库存的现金对比，及时核对当天的收支业务是否正确。

复核现金日记账是将当天登记的现金业务再核实一遍，并保证登记的每一项业务正确无误。

从保险柜取出现金时需遮住密码，取出现金后马上将保险柜锁回，在手工点钞验钞时仍然是正、反面点两遍，一方面确认金额，另一方面确认无假币。

出纳还应将盘点的现金和现金日记账的余额进行核对，保证无误。若两者有误差，出纳需马上查找原因，是现金盘点的错误还是日记账登记的错误，或是因为出纳的工作失误导致现金盘亏（现金比账上余额少）或盘盈（现金比账上余额多），还是别的什么原因，然后做处理。

五、银行存款日记账

银行存款日记账是由出纳根据与银行存款收付业务有关的记账凭证，按时间先后顺序逐日逐笔进行登记的。根据银行存款收款凭证和有关的现金付款凭证（库存现金存入银行的业务）登记银行存款收入栏，根据银行存款付款凭证登记其支出栏。每日结出存款余额。每月末与银行转来的对账单核对，以保证账实相符。每月终了，还应与总账银行存款账户余额核对，以保证账账相符。

1．银行存款日记账的启用

为了及时掌握银行存款的收支和结存情况，便于与银行核对账目，及时发现问题，出纳应按不同银行账号分别设置银行存款日记账，用于及时反映银行存款的收入、付出和结余情况。每年终了，出纳必须将本年度的旧账交由档案人员归档并启用下一年度新账。

设置银行存款日记账的流程和现金日记账相同，首先要填写账簿启用表，然后填写年初余额。

在账簿启用表中，填写单位名称、账簿名称、账簿编号和启用日期；在经管人员一栏中写明经管人员姓名、职别、接管或移交日期，由会计主管人员签章，并加盖单位公章，同时贴上印花税票（账簿的印花税现在一般直接在网上申报，不再贴花）。

2．银行存款日记账的建账

银行存款日记账的建账同现金日记账的建账一样，也是将上年的账簿余额过渡到今年的新账簿上。

多个银行存款账户且业务量少时，可以将多个银行存款账户登记在同一本银行存款日记账中，但应在第二页“账户目录表”中注明各账户的名称和页码，以方便登记和核查。

在每一会计年度结束后或者在银行存款日记账使用完毕时，要更换启用新的账簿，填写完“账簿启用表”后，在银行存款日记账上填写开户行、账号、年份，在摘要栏中写上“上年结转”，并将上年余额填入余额栏，如图6-16所示。

银行存款日记账　　　　第 *01* 页

开户行：中国工商银行金陵玄武支行

账 号：*1298010002000316285*

*2021*年		凭证		票据号数	摘要	借方									贷方									余额									核对
月	日	种类	号数			百	十	万	千	百	十	元	角	分	百	十	万	千	百	十	元	角	分	百	十	万	千	百	十	元	角	分	
01	*01*				上年结转																				*7*	*4*	*7*	*4*	*1*	*7*	*5*	*0*	☐
																																	☐
																																	☐
																																	☐
																																	☐

图6-16　银行存款日记账（上年结转）

3．登记银行存款日记账

出纳根据银行收款凭证、付款凭证及所附的有关原始凭证，按业务发生的先后顺序，使用蓝、黑色钢笔或水笔逐笔登记，不得使用圆珠笔或铅笔登记，而且必须连续登记。登记银行存款日记账时，书写要规范、工整，无涂改的痕迹；登记日记账过程中发生的书写错误，应用规定的改错方法进行更正。每日业务终了时，应计算、登记当日的银行存款收入合计数、银行存款支出合计数，并结出账面余额，以便检查监督各项收入和支出款项。

银行存款日记账上填写的主要内容包括：“日期”“摘要”“借方金额（或增加金额）”“贷方金额（或减少金额）”“余额”等。实际工作中银行存款日记账格式比较多样，有些日记账并没有凭证种类、号数和票据号数栏，因此一般不填写。

银行存款日记账的登记方法可参考现金日记账的登记方法，此处不再赘述。

为了及时掌握银行存款收付和结余的情况，银行存款日记账必须当日账务当日记录，并于当日结出余额。

银行存款日记账首行和末行填写。结转时，应根据“承前页”的借方加上本页的借方发生数，得出“过次页”的借方金额，同理计算“过次页”的贷方金额，并算出余额，写在本页最后一行，并在摘要注明“过次页”。“承前页”的金额可以直接根据上页的“过次页”金额填写，并在摘要栏注明“承前页”字样，如图 6-17、图 6-18 所示。

12	20				网银支付采购款		1170000	65635000	☐
12	20				发放工资		3200000	62435000	☐
12	20				支付顾问费		500000	61935000	☐
12	20				网银支付采购款		800000	61135000	☐
12	20				支付网银收付费		1250	61133750	☐
12	20				过次页	737638000	676504250	61133750	☐

图 6-17　银行存款日记账（过次页）

银行存款日记账

第 02 页

开户行：中国工商银行金陵玄武支行

账 号：1298010002000316285

2020年 月	日	凭证 种类	凭证 号数	票据号数	摘要	借方（百十万千百十元角分）	贷方（百十万千百十元角分）	余额（百十万千百十元角分）	核对
12	20				承前页	737638000	676504250	61133750	☐
12	20				本日合计		5671250	61133750	☐
									☐
									☐

图 6-18　银行存款日记账（承前页）

4. 银行存款日记账的更改

出纳手头上至少要有两类笔，红色水笔和黑色水笔，若发现错误，则在错误的内容或数字上面画红线，并盖上出纳的私章，再把正确的摘要或数字记录在错误的上方就可以了。

银行存款日记账出现差错时，必须根据差错的具体情况采用画线更正、红字更正、补充登记等方法更正。出纳在登记账簿时，填写的文字、数字不能超过行高的二分之一，以备登记错误时可以进行修改操作，如图 6-19 所示。

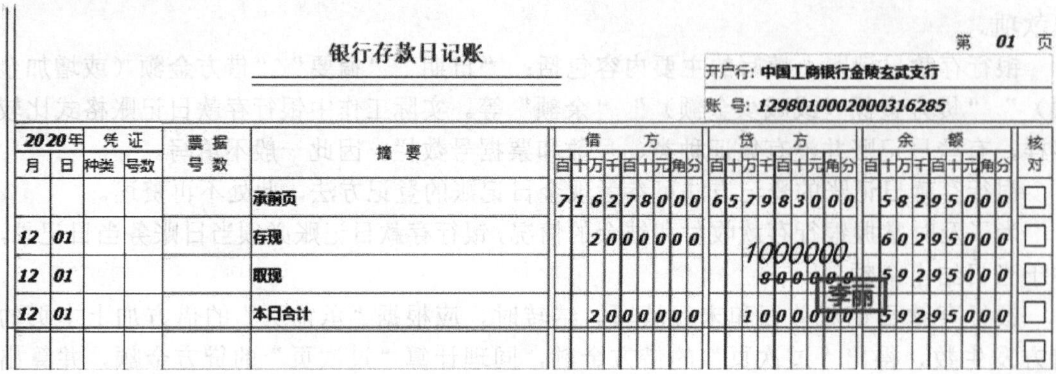

银行存款日记账

第 01 页

开户行：中国工商银行金陵玄武支行

账 号：1298010002000316285

2020年 月	日	凭证 种类	凭证 号数	票据号数	摘要	借方	贷方	余额	核对
					承前页	71627800 0	65798300 0	5829500 0	
12	01				存现	2000000		6029500 0	
12	01				取现		~~800000~~ 1000000 李丽	5929500 0	
12	01				本日合计	2000000	1000000	5929500 0	

图 6-19　画线更正法

5．银行存款日记账的保管

出纳登记完银行存款日记账后，应及时将账簿放入抽屉。除配合企业内外部查账、稽核等事项外，银行存款日记账一律不得外借，以防止财务信息泄露。

六、对账

对账，简单讲就是对账簿记录所进行的核对，具体讲就是定期运用各种账簿记录进行核对，以保证账簿记录的真实性和准确性，保证财务报表数据的真实可靠。

对账一般分为账证核对、账账核对和账实核对。对账工作一般在记账之后结账之前，即在月末进行。

账证核对是将账簿记录与会计凭证（原始凭证、记账凭证）核对。

账账核对是指总分类账簿之间的核对（试算平衡）；总分类账簿与序时账簿核对；总分类账簿与所辖明细分类账簿核对；明细分类账簿之间的核对。

账实核对是指各项财产物资、债权债务等账面余额与实有数额之间的核对，包括现金日记账账面余额与实际库存数逐日核对；财产物资明细账账面余额与实有数额定期核对；银行存款日记账账面余额与银行对账单余额定期核对；债权债务明细账账面余额与对方单位的账面记录核对。

出纳对账工作的内容主要有：现金日记账的核对、银行存款日记账的核对。

现金日记账和银行存款日记账是根据收、付款凭证逐笔登记的，因此核对账目的内容、金额、方向应是完全一致。月末，出纳应根据现金日记账、银行存款日记账的余额与会计账上的现金、银行存款余额进行核对，核对的结果应当一致。

1．现金日记账的核对

现金日记账的余额应与实际的库存现金核对相符。

月末，应结出现金日记账的账面余额，再清查库存现金实有数，看两者是否完全相符。

2．银行存款日记账的核对

银行存款日记账应与银行对账单核对相符。

出纳应根据银行出具的银行对账单，按照业务发生先后一笔一笔核对。银行对账单是银行和企业核对账务的联系单，也是证实企业业务往来的记录，也可以作为企业资金流动的依据，如图 6-20 所示。

邮　　编
存款人地址
存款人名称

（　　　　）对账单

STATEMENT OF ACCOUNT

机构　　　　币种　　　　第　　页

账号　　　　单位名称

年		凭证种类	凭证号码	发生额		余额	记账部门	流水号
日期	摘要			借方	贷方			

图 6-20　银行对账单

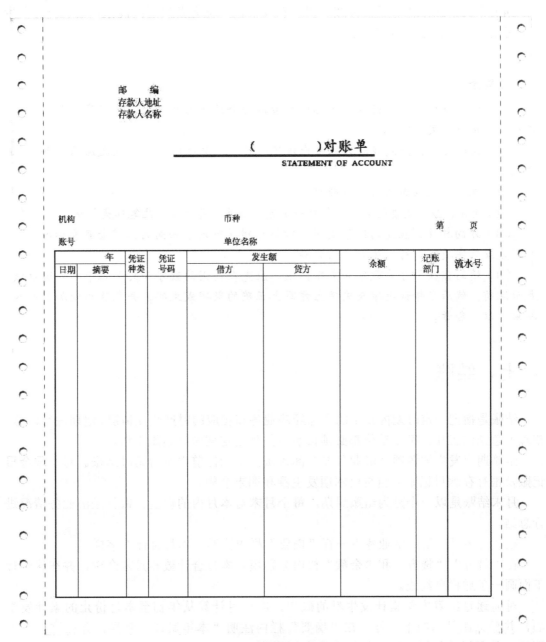

银行存款日记账与银行对账单核对的具体做法是：

（1）出纳根据银行提供的“对账单”同“银行存款日记账”进行核对。

（2）核对时，需对凭证的种类、编号、摘要、记账方向、金额、记账日期等内容进行逐项核对。

（3）凡是对账单与银行存款日记账记录内容相同的可用“√”在对账单和日记账上分别标示，以表示查明该笔业务核对一致。

（4）银行对账单借方发生额核对银行存款日记账贷方发生额；银行对账单贷方发生额核对银行存款日记账借方发生额。

小贴士

问：现金日记账、银行存款日记账的余额与会计账上的现金、银行存款余额核对不符时，该如何处理？

答：通过核对，若发现双方账目出现不一致，应先查明不符情况及原因，并予以更正。

（1）漏记，应及时进行补充登记。

（2）重记，应在重复的其中一行画一道通栏红线，并加盖“此笔作废”及个人签章。

（3）方向相反，应先用红字填写一行与原错误行内容相同的红字金额表示冲销，再用蓝或黑字填写一行正确方向的金额。

（4）填写错误，分为数字和文字错误。应先在错误的数字和文字正中画一道红线表示注销，然后在错误数字或文字上方写上正确的数字或文字，并在改正处加盖个人印章，以示负责。

七、结账

结账是指把一定时期内发生的全部经济业务和相应的财产收支情况，定期进行汇总、整理、总结的工作。每个单位都必须按照有关规定定期做好结账工作。

结算期内发生的各项经济业务要全部入账，不能提前也不得延时结账。对于现金日记账及银行存款日记账应当结出本期发生额和期末余额。

月末结账是以一个月为结账周期，每个月末对本月内的现金、银行经济业务情况进行总结。

在该月最后一笔经济业务下一行“摘要”栏内注明“本月合计”字样。

在“借方”“贷方”和“余额”栏内分别填入本月合计数和月末余额，并在这一行下面画一条通栏单红线。

对需逐月结算本年累计发生额的账户，应逐月计算从年初至本月份止的累计发生额，并登记在月结的下一行，在“摘要”栏内注明“本年累计”字样，并在这一行下面画一条通栏单红线，以便与下月发生额划清。

小贴士

部分企业月末结账时，直接在该日、该月最后一笔经济业务下面画一条通栏单红线，这种做法是可以的。

部分企业月末结账时，只结出“本月合计”未结出“本年累计”，这种做法是可以的。

现金日记账和银行存款日记账的日结、月结、年结的方法是一样的。

问：如果本月只发生一笔经济业务，是否需结出本月合计呢？

答：如果本月只发生一笔经济业务，由于此笔记录的金额就是本月发生额，结账时只要在这项记录下画一红线，表示与下月的发生额分开就可以了，可以不结出“本月合计”数。

问：月末结账，如果已是 12 月底，是否也跟前面的 11 个月的操作一样，只做月结？

答：如果月结的那个月刚好是 12 月底，是不一样的，它不仅需要月结，同时还需要年结。年结账是以一年为周期，对本年度内各经济业务情况及结果进行总结。在年末，将全年的发生额累计数登记在 12 月份合计数的下一行，结出全年发生额和年末余额。

年末若无余额，则无须把余额“0”再次填写到下一会计年度。

年末若有余额，在“摘要”栏内注明“本年累计”字样，并在这一行下面画上通栏双红线，以示封账。

把余额结转到下一会计年度，只在摘要栏注明“结转下年”字样。在下一会计年度新建有关会计账簿的第一行“余额”栏内填写上年结转的余额，并在摘要栏注明“上年结转”字样。如图 6-21、图 6-22 所示。

银行存款日记账

第 02 页

开户行：中国工商银行金陵玄武支行

账 号：1298010002000316285

2020年 月	日	凭证 种类	凭证 号数	票据 号数	摘要	借方（百十万千百十元角分）	贷方（百十万千百十元角分）	余额（百十万千百十元角分）	核对
12	20				承前页	737638000	676504250	61133750	□
12	20				本日合计		5671250	61133750	□
12	31				网银支付货款		2000000	59133750	□
12	31				支付运费款		1110000	58023750	□
12	31				支付劳务费用		6000000	52023750	□
12	31				收到系统收款回单	23400000		75423750	□
12	31				自动扣缴社保		462000	74961750	□
12	31				自动扣缴公积金		220000	74741750	□
12	31				本日合计	23400000	9792000	74741750	□
12	31				本月合计	44760000	28313250	74741750	□
12	31				下年结转	761038000	686296250	74741750	□
									□

图 6-21 银行存款日记账（下年结转）

银行存款日记账

第 01 页

开户行：中国工商银行金陵玄武支行

账 号：1298010002000316285

2021年		凭证		票据号数	摘要	借方	贷方	余额	核对
月	日	种类	号数			百十万千百十元角分	百十万千百十元角分	百十万千百十元角分	
01	01				上年结转			74741750	□
									□
									□
									□
									□

图 6-22　银行存款日记账（上年结转）

八、错账更正的方法

在记账过程中，可能由于种种原因会使账簿记录发生错误。对于发生的账簿记录错误应当采用正确、规范的方法予以更正，不得涂改、挖补、刮擦或者用药水消除字迹，不得重新抄写。错账更正的方法一般有画线更正法、红字更正法和补充登记法三种。

1．画线更正法

结账前发现账簿记录有文字或数字错误，而记账凭证没有错误，应当采用画线更正法。

更正时，可在错误的文字或数字上画一条红线，在红线的上方填写正确的文字或数字，并由记账人员和会计机构负责人（会计主管人员）在更正处盖章，以明确责任。更正时不得只画销错误数字，应将全部数字画销，并保持原有数字清晰可辨，以便审查。

例如，把“3457”元误记为“8457”元时，应将错误数字“8457”全部用红线画销后，写上正确的数字“3457”，而不是只删改一个“8”字。

如果记账凭证中的文字或数字发生错误，在尚未过账前，也可用画线更正法更正。

2．红字更正法

红字更正法是指用红字冲销原有错误的凭证记录及账户记录，以更正或调整账簿记录的一种方法。适用于以下两种情形：

（1）记账后发现记账凭证中的应借、应贷会计科目有错误所引起的记账错误。

更正时，红字填写一张与原记账凭证完全相同的记账凭证，在摘要栏内注明“注销×月×日×号凭证”，并据此用红字登记入账，以示注销原记账凭证，然后用蓝字填写一张正确的记账凭证，并据以用蓝字登记入账，并在摘要栏内注明“补记×月×日×号凭证”。

（2）记账后发现记账凭证和账簿记录中应借、应贷会计科目无误，只是所记金额大于应记金额所引起的记账错误。

更正时，按多记的金额用红字编制一张与原记账凭证应借、应贷科目完全相同的记账凭证，在摘要栏内明“冲销×月×日×号记账凭证多记金额”，以冲销多记金额，并据以用红字登记入账。

3．补充登记法

补充登记法是指用蓝字补记金额，以更正原错误账簿记录的一种方法。

在记账后，发现记账凭证与账簿中所记金额小于应记金额，而科目对应关系无误时可采用补充登记法。

更正时，按少记的金额用蓝字填制一张与原记账凭证应借、应贷科目完全相同的记账凭证，然后用蓝字登记入账，并在摘要栏内写明“补记×月×日×号记账凭证少记金额”，以补充少记的金额，并据以用蓝字登记入账。

课后习题

一、单选题

1．2020 年 8 月 18 日，甲公司向乙公司签发一张金额为 10 万元，用途为服务费的转账支票，发现填写有误，该支票记载的下列事项中，可以更改的是（　　）。

A．用途　　B．收款人名称　　C．出票金额　　D．出票日期

2．下列各项中，属于企业外来原始凭证的是（　　）。

A．内部使用的借款单　　B．领料单

C．产品入库单　　D．职工出差报销的飞机票

3．下列各项中，属于外来原始凭证的是（　　）。

A．限额领料单　　B．差旅费报销单

C．增值税专用发票（发票联）　　D．工资费用汇总分配表

4．属于企业自制原始凭证的是（　　）。

A．生产车间领用原材料的领料单

B．职工出差报销的火车票

C．收取货款取得的银行结算凭证

D．购买原材料取得的增值税专用发票

5．下列各项中，应由会计人员填制的原始凭证是（　　）。

A．固定资产折旧计算表　　B．差旅费报销单

C．产品入库单　　D．领料单

6．下列各项中，属于企业累计原始凭证的是（　　）。

A．耗用材料汇总表　　B．出差报销的火车票

C．银行结算凭证　　D．限额领料单

7．下列各项中，对于金额有错误的原始凭证处理方法正确的是（　　）。

A．由出具单位在凭证上更正并加盖出具单位公章

B．由出具单位在凭证上更正并由经办人员签名

C．由出具单位在凭证上更正并由单位负责人签名

D．由出具单位重新开具凭证

8．下列各项中，关于企业销售产品货款尚未收到的业务，应填制的记账凭证是（　　）。

A．汇总凭证　　B．转账凭证　　C．付款凭证　　D．收款凭证

9．下列各项中，属于数量金额式账簿的是（　　）。

A. 库存商品明细账
B. 短期借款明细账
C. 银行存款明细账
D. 制造费用明细账

10. 下列各项中，关于银行存款日记账的表述正确的是（　　）。
A. 应按实际发生的经济业务定期汇总登记
B. 仅以银行存款付款凭证为记账依据
C. 应按企业在银行开立的账户和币种分别设置
D. 不得使用多栏式账页格式

11. 下列各项中，属于账实核对的是（　　）。
A. 总账和明细账核对
B. 银行存款日记账和银行对账单核对
C. 账簿记录和记账凭证核对
D. 总账和日记账核对

12. 下列各项中，属于账账核对的是（　　）。
A. 各项财产物资明细账与财产物资的实有数额定期核对
B. 银行存款日记账余额与银行对账单余额核对
C. 总账账户借方发生额合计与其有关明细账账户借方发生额合计核对
D. 各种应收、应付账款明细账账面余额与有关债权、债务单位的账面记录相核对

13. 会计人员在结账前发现记账凭证填制无误，但登记入账时误将600元写成6 000元，下列更正方法正确的是（　　）。
A. 补充登记法
B. 画线更正法
C. 横线登记法
D. 红字更正法

14. 2021年3月15日，某企业财务人员发现当月月初登记入账的一笔交易出现记账错误，该笔交易的记账凭证和账簿记录中应借、应贷会计科目及记账方向无误，但所记金额小于应记金额的错账更正方法是（　　）。
A. 补充登记法
B. 红字更正法
C. 试算平衡法
D. 画线更正法

15. 下列各项错误，应当用补充登记法予以更正的是（　　）。
A. 账簿记录中，将2 128.50元误记为2 182.50元，而对应的记账凭证无误
B. 企业从银行提取现金3 000元，在填制记账凭证时，误将其金额写为8 000元，并已登记入账
C. 接受外单位投入资金180 000元，已存入银行，在填制记账凭证时，误将其金额写为150 000元，并已登记入账
D. 企业支付广告费9 000元，在填制记账凭证时，误借记“管理费用”科目，并已登记入账

二、多选题

1. 下列属于外来原始凭证的有（　　）。
A. 采购原材料收到的增值税发票
B. 业务员出差的住宿发票

C．采购原材料的入库单
D．销售商品收到的银行汇票进账单
2．下列关于会计凭证的表述错误的有（　　）。
A．会计凭证按其填制程序和方法不同，分为原始凭证和记账凭证
B．自制原始凭证是从本单位取得的，由本单位会计人员填制
C．汇总凭证指在一定时期内多次记录发生的同类经济业务且多次有效的原始凭证
D．企业与外单位发生的任何经济业务中，取得的各种书面证明都是原始凭证
3．下列各项中，属于原始凭证应当具备的基本内容的有（　　）。
A．填制凭证的日期　　B．交易或事项的内容
C．经办人员签名或盖章　　D．记账符号
4．下列各项中，企业应根据相关业务的原始凭证编制收款凭证的有（　　）。
A．销售产品取得货款存入银行　　B．从银行存款中提取现金
C．收取出租包装物租金　　D．将库存现金送存银行
5．填制记账凭证时，错误的做法是（　　）。
A．根据原始凭证汇总表填制
B．根据若干张同类原始凭证汇总填制
C．将若干张不同内容和类别的原始凭证汇总填制在一张记账凭证上
D．出纳办理完收付款业务后，应在记账凭证上加盖“收讫”或“付讫”的戳记，以避免重收重付
6．下列各项中，属于会计账簿的有（　　）。
A．备查簿　　B．日记账
C．总账　　D．明细账
7．下列各项中，适合采用三栏式明细分类账簿进行明细账核算的有（　　）。
A．向客户赊销商品形成的应收账款　　B．生产车间发生的制造费用
C．购买并验收入库的原材料　　D．向银行借入的短期借款
8．下列明细分类账格式选择正确的有（　　）。
A．现金日记账、银行存款日记账、总分类账应使用订本账形式，各种明细分类账一般采用活页账形式
B．三栏式明细分类账适用于收入、费用和利润分配明细账的核算
C．数量金额式明细分类账适用于既要进行金额核算又要进行数量核算的账户
D．多栏式明细分类账适用于应收账款、应付账款等账户的明细分类核算
9．下列关于各种账簿形式的优缺点的表述中，正确的有（　　）。
A．订本账的优点是能避免账页散失和防止抽换账页
B．订本账的缺点是不能准确为各账户预留账页
C．活页账的优点是记账时可以根据实际需要，随时将空白账页装入账簿，或抽取不需要的账页，可根据需要增减账页，便于分工记账
D．活页账的缺点是如果管理不善，可能会造成账页散失或故意抽换账页
10．现金日记账的登记依据有（　　）。
A．银行存款收款凭证　　B．库存现金收款凭证

C．库存现金付款凭证　　　　　　　　　　D．银行存款付款凭证

11．更正错账时，红字更正法的适用范围是（　　）。

A．记账凭证上会计科目或记账方向错误，导致账簿记录错误

B．记账凭证正确，在记账时发生错误，导致账簿记录错误

C．记账凭证上会计科目或记账方向正确，所记金额大于应记金额，导致账簿记录错误

D．记账凭证上会计科目或记账方向正确，所记金额小于应记金额，导致账簿记录错误

三、判断题

1．企业生产车间在一定时期内领用原材料多次使用的同一张限额领料单，属于累计凭证。（　　）

2．审核原始凭证发现金额错误的，应当由出具单位更正并在更正处加盖出具单位公章或财务专用章。（　　）

3．会计人员记账过程中，除了结账和更正错账无须粘贴原始凭证，其他一律需要粘贴原始凭证。（　　）

4．账簿记录发生错误时，会计人员应用刮擦、挖补的方式更改错误记录。（　　）

5．会计人员记账后发现记账凭证和账簿记录中应借、应贷会计科目正确，但是所记科目金额有误，应采用画线更正法更正。（　　）

6．在结账前，企业会计人员发现账簿记录有文字错误，而记账凭证没有错误，应当采用画线更正法进行更正。（　　）

四、实训题

2021 年 3 月 10 日，加工车间张三领用圆钢 4 000 千克，计划单价 10 元，领用角钢 3 000 千克，计划单价 5 元，生产 A 产品。所填制的领料单见表 6-1。请指出其中的错误。

表 6-1　领料单

领料单位：基本生产车间　　　　　　　　　　　　　　编号：18

用途：　　　　　　　　2021 年 3 月 10 日　　　　　　　仓库：1 库

材料类别	材料编号	材料名称及规格	计量单位	数量		单价	金额
				请领	实领		
主要材料		圆钢	千克	4 000	4 000	10.00	4 000.00
		角钢	千克	3 000	3 000	5.00	15 000.00
合计							19 000.00

记账：　　　　发料：王力　　　　领料部门负责人：　　　　领料：

第七章

7

票据结算业务

问题引入

公司采购部小孙拿着采购合同和采购发票，要求出纳沙悟净填开一张转账支票，沙悟净认真审核了原始凭证并得到确认后，根据发票所填金额填写了一张转账支票，在支票登记簿上登记完成后交给小孙……

学习目标

了解各种票据结算方式及其适用范围
了解各种票据结算方式应遵循的规定
掌握各种票据结算方式的结算流程
掌握各种票据结算方式的处理过程

第一节　支付结算概述

一、支付结算的概念

支付结算是指单位、个人在社会经济活动中使用票据、信用卡和汇兑、托收承付、委托收款等结算方式进行货币给付及资金清算的行为。

支付结算是指转账结算，不包括使用现金。

未经中国人民银行批准的非银行金融机构和其他单位不得作为中介机构办理支付结算业务。

二、支付结算的主要支付工具

支付结算的主要支付工具如图 7-1 所示。

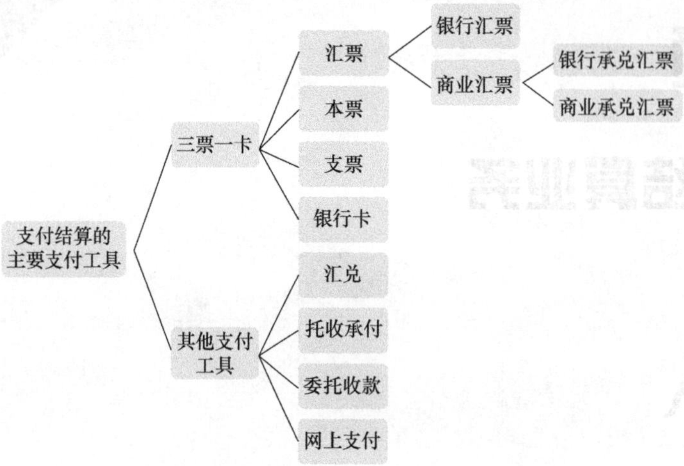

图 7-1　支付结算的主要支付工具

本章主要讲述几种票据结算方式的相关内容。

三、办理支付结算的原则

（1）恪守信用，履约付款原则。

（2）谁的钱进谁的账、由谁支配原则。

银行在办理结算时，必须按照存款人的委托，将款项支付给其指定的收款人；对存款人的资金，除国家法律另有规定外，必须由其自由支配。

（3）银行不垫款原则。

银行在办理结算过程中，只负责办理结算当事人之间的款项划拨，不承担垫付任何款项的责任。

四、办理支付结算的基本要求

根据《支付结算办法》的规定，单位、个人和银行办理支付结算的基本要求包括：

（1）单位、个人和银行办理支付结算必须使用按中国人民银行统一规定印制的票据和结算凭证。未使用中国人民银行统一规定格式的结算凭证，银行不予受理。

（2）单位、个人和银行应当按照《人民币银行结算账户管理办法》的规定开立、使用账户。

（3）票据和结算凭证上的签章和其他记载事项应当真实，不得伪造、变造。

伪造是指无权限人假冒他人或虚构他人名义签章的行为。

变造是指无权更改票据内容的人，对票据上签章以外的记载事项加以改变的行为。

伪造人不承担票据责任，而应追究其刑事责任（附带民事赔偿）。

票据和结算凭证上的签章，为签名、盖章或者签名加盖章；单位、银行在票据上的签章和单位在结算凭证上的签章，为该单位、银行的公章加其法定代表人或者其授权的代理人的签名或者盖章。具体要求见表 7-1。

表 7-1 签章要求

分类		具体要求
一般规定		票据和结算凭证上的签章为签名、盖章或者签名加盖章
具体规定	单位、银行	该单位、银行的盖章，加其法定代表人或其授权的代理人的签名或者盖章
	个人	本人的签名或者盖章

填写票据和结算凭证应当规范，做到要素齐全、数字正确、字迹清晰、不错不漏、不潦草，防止涂改。单位和银行的名称应当记载“全称”或“规范化简称”。出票日期必须使用中文大写。票据和结算凭证金额以中文大写和阿拉伯数字同时记载，二者必须一致。二者不一致的票据无效；二者不一致的结算凭证，银行不予受理。票据和结算凭证的金额、出票或者签发日期、收款人名称不得更改，更改的票据无效；更改的结算凭证，银行不予受理。对票据和结算凭证上的其他记载事项，原记载人可以更改，更改时应当由原记载人在更改处签章证明。

第二节 支 票

支票是出票人签发的、委托办理支票存款业务的银行在见票时无条件支付确定的金额给收款人或者持票人的票据。

一、支票的种类及适用范围

1. 支票的种类

支票的种类见表 7-2。

表 7-2 支票的种类

种类		用途
现金支票		只能用于支取现金
转账支票		只能用于转账
普通支票	一般情况	可以用于支取现金，也可用于转账
	划线支票	只能用于转账，不能支取现金

划线支票为普通支票的特殊形式。

2. 适用范围

单位和个人的各种款项结算，均可以使用支票。

中国人民银行于2007年6月25日实现全国支票影像交换系统，支持支票在全国范围的互通使用，企事业单位和个人持任何一家银行的支票均可在全国所有地区办理兑付。

二、支票使用规定

1. 必须记载事项

支票上必须记载事项包括：表明支票的字样、无条件支付的委托、确定的金额、付款人名称、出票日期、出票人签章。

2. 授权补记事项

支票上可授权补记事项包括：金额、收款人名称。未补记前不得背书转让和提示付款。出票人可以在支票上记载自己为收款人。

3. 相对记载事项

（1）付款地。支票上未记载付款地的，付款地为付款人的营业场所。

（2）出票地。支票上未记载出票地的，出票地为出票人的营业场所、住所地或经常居住地。

4. 签发要求

支票的出票人签发支票的金额不得超过付款时在付款人处实有的金额。禁止签发空头支票。

5. 付款

支票的持票人应当自出票日起10天内提示付款。

持票人可以委托开户银行收款或直接向付款人提示付款，用于支取现金的支票仅限于收款人向付款人提示付款。

支票的持票人超过提示付款期限提示付款的，持票人的开户银行不予受理，付款人不予付款。

支票的持票人超过提示付款期限提示付款的，丧失对前手的追索权，但出票人仍应当承担付款责任。

持票人委托开户银行收款时，应做委托收款背书，在支票背面背书人签章栏签章，记载“委托收款”字样、背书日期，在被背书人栏记载开户银行名称，并将支票和填制的进账单送交开户银行。

三、转账支票

实务中，企业在生产经营活动中发生的采购业务经常以转账支票进行结算。转账支票是出纳办理结算业务中经常使用的结算方式之一。

转账支票是由单位签发的，通知银行从其账户上支取款项的凭证。转账支票只能用于转账，不能提取现金。它适用于各单位之间的商品交易、劳务供应和其他经济往来的款项结算。转账支票由付款单位签发后交收款单位，不准委托收款单位代签；不准签发空头支票和远期支票；不准出租出借支票。各单位使用转账支票必须遵守银行的有关规定。

转账支票同现金支票一样，有正面和背面，正面又分为左、右两部分，左部分为存根联，右部分为正联，也称支票联，如图 7-2 所示；转账支票的背面有两栏，左边栏是附加信息，右边栏是被背书人及背书人签章及日期，说明可以转让，如图 7-3 所示。

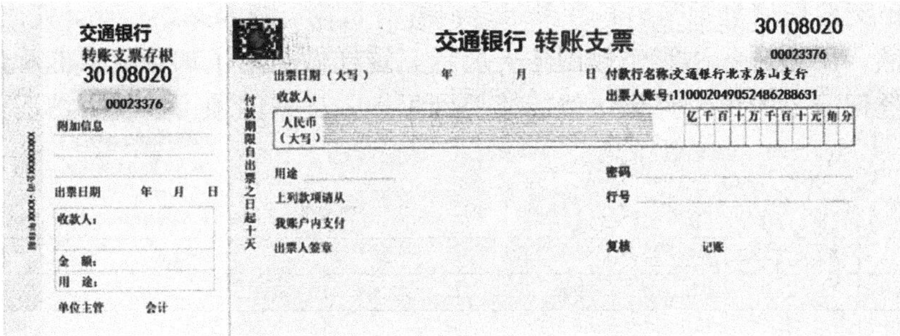

图 7-2　转账支票正面

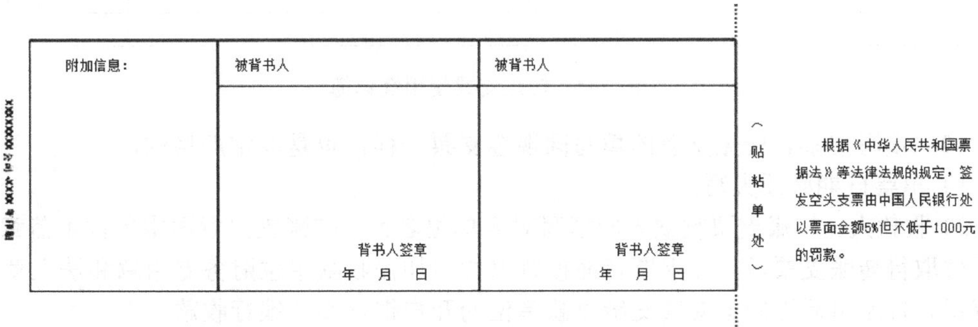

图 7-3　转账支票背面

1．转账支票的特点

无金额起点的限制。

转账支票只能用于转账，不得支取现金。

转账支票可以背书转让给其他债权人。

客户签发的转账支票可直接交给收款人，由收款人到其开户银行办理转账。

转账支票的收款人名称、金额可以由出票人授权补记，未补记的不得背书转让和提示付款。

2．开具转账支票流程

（1）查询银行存款余额。开具转账支票时必须保证公司银行账户的存款余额不小于支票的金额，防止签发空头支票。

小贴士

《票据管理实施办法》第三十一条规定："签发空头支票的或者签发与其预留的签章不符的支票，不以骗取财物为目的的，由中国人民银行处以票面金额 5%但不低于 1 000 元的罚款；持票人有权要求出票人赔偿支票金额 2%的赔偿金。"

（2）提出申请并登记转账支票使用登记簿。转账支票使用前应先在转账支票使用登记簿上登记基础信息。

在实际工作中，无论是领用现金支票还是转账支票，无论是自己领取还是他人领取，一定要及时在转账支票使用登记簿上登记。

登记转账支票使用登记簿时，主要包含内容有日期、购入支票号码、使用支票号码、领用人、金额、用途、备注等，如图 7-4 所示。这样做是为了加强支票的管理。通过转账支票使用登记簿上的连号登记，就能监控到每一张支票的领用和使用情况。

转账支票使用登记簿

日期	购入支票号码	使用支票号码	领用人	金额	用途	备注
2020-12-10		10213801	李丽	23,400.00	支付货款	

图 7-4　转账支票使用登记簿

（3）填写支票。转账支票的填写同现金支票一样，也是非常严格的。

1）出票日期必须大写。

2）收款人。转账支票收款人应填写对方单位名称。转账支票背面本单位不盖章。收款单位取得转账支票后，在支票背面被背书栏内加盖收款单位财务专用章和法人章，填写好银行进账单后连同该支票交给收款单位的开户银行委托银行收款。

3）付款行名称、出票人账号填写本单位开户银行名称及银行账号。

4）人民币大小写应按规范填写。数字填写要完整清楚，金额大小写必须一致，否则支票无效。

5）用途。现金支票有一定限制，一般填写“备用金”“差旅费”“工资”“劳务费”等，转账支票没有具体规定，可填写如“货款”“代理费”等。

6）盖章。支票正面盖财务专用章和法人章，缺一不可，印泥为红色，印章必须清晰，印章模糊只能将本张支票作废，换一张重新填写重新盖章。背面盖章与否见“收款人”相关要求。

小贴士

客户转账支票使用完毕后，应在转账支票领用单上签章，同时按标准交费，领取空白转账支票。

客户应在其存款账户的余额内签发支票。如透支，银行将予以退票，并按票面金额处以 5%但不低于 1 000 元的罚款。

出票人签章栏应签章，若与其预留的签名样式或印鉴不符时，银行予以退票，并按票面金额处以 5%但不低于 1 000 元的罚款。

客户签发票据应按照《支付结算办法》和《正确填写票据和结算凭证的基本规定》

记载信息。

转账支票提示付款期限为 10 天，超过付款期的支票，银行不予受理；转账支票的权力时效为自出票日起 6 个月，在票据开出 6 个月内，收款人可持有关证明文件，向付款人请求付款。

客户结清销户时，应将未用空白支票交还银行。

支票的收款人、金额、日期不得涂改。

开出转账支票用以支付时无须在支票背面做背书，收到支票用于银行进账时才需要在背面填写背书信息。

（4）审批签章。填写完转账支票，应签章，签章应使用跟预留印鉴颜色一样的印泥，同时必须清晰。

（5）生成密码并填入。支付密码是银行为了进一步加强票据的风险控制而设置的最后一道防线。只有在支票上填写的密码与银行备份的数据完全一样，银行才会支付款项。

支付密码器的使用流程：每次开具时按照密码器上的文字提示，输入支票类型、开票日期、金额、账号、票号即可生成密码，将密码填到转账支票正联的密码区内。

3．转账支票的支付业务

出纳可携带开具好的转账支票到银行办理转账，也可直接将转账支票的正联交给收款人，由收款人自己到银行办理转账支付业务。

出纳到银行办理付款，只凭一张转账支票的信息是不全的，银行没法办理转账业务，这时需要一张辅助单据——进账单。

银行进账单是持票人或收款人将票据款项存入其开户银行账户的凭证，也是开户银行将票据款项记入持票人或收款人账户的凭证。银行进账单分为三联式银行进账单和两联式银行进账单。不同的持票人应按照规定使用不同的银行进账单。三联式进账单式样如图 7-5～图 7-7 所示。三联式银行进账单的第一联为给持票人的回单，第二联为银行的贷方凭证，第三联是持票人的收账通知。进账单的填写按照支票上的要素填写，填写完毕交给银行工作人员，银行工作人员办理完毕后，出纳用银行盖章的进账单记账联记账。

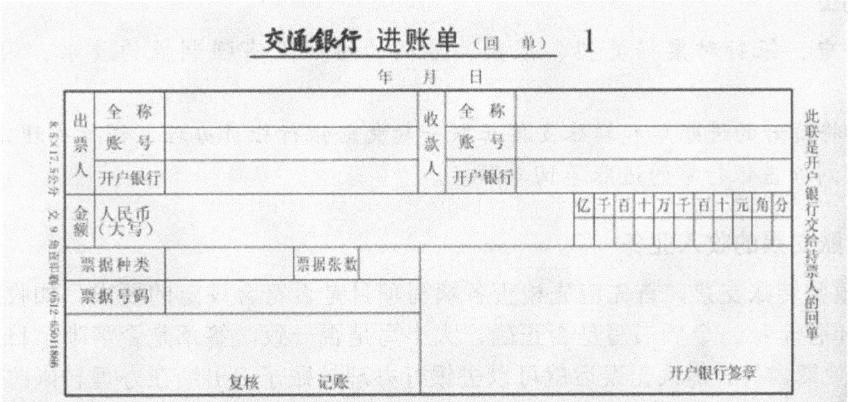
交通银行 进账单（回　单）　1

年　月　日

出票人	全称		收款人	全称	
	账号			账号	
	开户银行			开户银行	
金额	人民币（大写）			亿 千 百 十 万 千 百 十 元 角 分	
票据种类		票据张数			
票据号码					
复核　记账				开户银行签章	

此联是开户银行交给持票人的回单

图 7-5　进账单第一联

交通银行 进账单（贷方凭证） 2

年　月　日

出票人	全　称		收款人	全　称	
	账　号			账　号	
	开户银行			开户银行	
金额	人民币（大写）			亿 千 百 十 万 千 百 十 元 角 分	
票据种类		票据张数			
票据号码					
备注:				复核:　记账:	

此联由收款人开户银行作贷方凭证

图 7-6　进账单第二联

交通银行 进账单（收账通知） 3

年　月　日

出票人	全　称		收款人	全　称	
	账　号			账　号	
	开户银行			开户银行	
金额	人民币（大写）			亿 千 百 十 万 千 百 十 元 角 分	
票据种类		票据张数			
票据号码					
复核　记账				收款人开户银行签章	

此联是收款人开户银行交给收款人的收账通知

图 7-7　进账单第三联

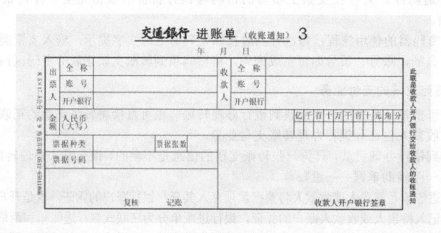

进账单的填写应根据收付双方的信息，将收款方及付款方的相关信息填写清楚。

小贴士

实务中，银行对票据类型、张数、号码的填写没有强制性的要求，因此可以不填写。

出纳将填好的进账单和转账支票正联一起交给银行柜员办理，银行办理完毕后，出纳会收到加盖银行章的进账单回单联。

4. 转账支票的收入业务

出纳收到转账支票，首先应先检查各填写项目是否符合规定的要求，如收款人名称是否为本单位全称，金额书写是否正确，大小写是否一致，签章是否清晰，日期是否在10天的有效期内等，确认无误后就可以去银行办理转账了。出纳在办理转账时有两种选择，一是到自己的开户行办理转账，二是到付款人的开户行办理转账。在实务工作中，比较常见的是到自己的开户行办理。

（1）出纳签章并填好进账单。出纳拿到转账支票正联检查无误后，应找相关人员在转账支票背面签章。

办理进账时，需在转账支票背面的背书人签章处签章。签章时，必须使用跟预留印鉴颜色一样的印泥，且必须清晰。

出纳拿着办理完手续的转账支票到开户行填写进账单办理进账，将填写好的进账单同转账支票正联一起交给银行柜员办理。

（2）开户银行对送达的转账支票、进账单进行审查无误后，并在进账单第一联上加盖“转讫”章，然后退还给出纳，表示该项业务银行已经受理，但是并未完成收款任务。

（3）银行收到支票款，将款转到收款单位账户，同时将加盖收款印章的入账通知交给收款单位。

（4）收款单位的会计人员根据开户银行盖章后退回的进账单第一联编制收款凭证。

（5）收款单位的出纳对上述凭证进行复核后登记银行存款日记账。

5. 转账支票的审查

收款单位出纳收到付款单位交来的支票后，首先应对支票进行审查，以免收进假支票或无效支票。对支票的审查应包括如下内容：

（1）支票填写是否清晰，是否用墨汁或碳素墨水填写。

（2）支票的各项内容是否填写齐全，是否在签发单位处签章，大小写金额和收款人有无涂改，其他内容如有改动是否也已签章。

（3）支票收款单位是否为本单位。

（4）支票大小写金额填写是否正确，两者是否相符。

（5）支票是否在付款期内。

（6）背书转让的支票其背书是否正确，是否连续。

收款单位出纳对受理的转账支票审查无误后，即可填制一式两联进账单，连同支票一并送交其开户银行。开户银行审核无误后即可在进账单第一联上加盖“转讫”章退回收款单位。收款单位根据银行盖章退回的进账单第一联编制银行存款收款凭证。

6. 转账支票的背书

支票仅限于在其票据交换区域内背书转让。

支票出票人向规定区域以外的收款人出票的，背书人向规定区域以外的被背书人转让票据的，区域外的银行不予受理，但出票人、背书人仍应承担票据责任。已背书转让的票据，背书应当连续。持票人以背书的连续，证明其票据权利。非经背书转让，而以其他合法方式取得票据的，应依法举证，证明其票据权利。

小贴士

1. 给异地的客户转账可以使用转账支票吗？

答：转账支票主要用于同城结算，但是部分银行采用银行支票影像交互系统后，也可以在其覆盖范围内进行异地结算。

2．转账支票遗失了可以挂失吗？

答：已经签发的转账支票不得挂失。

3．收到转账支票后可以隔月再去进账吗？

答：不可以，根据《中华人民共和国票据法》第九十一条规定："支票的持票人应当自出票日起十日内提示付款。异地使用的支票，其提示付款的期限由中国人民银行另行规定。超过提示付款期限的，付款人可以不予付款；付款人不予付款的，出票人仍应当对持票人承担票据责任。"所以，转账支票的有效期为自签发之日起10天，过期银行不予受理。

4．出纳不小心将转账支票的日期写错了，可以涂改掉吗？

答：不可以，转账支票日期填错了，不能涂改，必须作废处理。

开具转账支票在填写或签章有错误时，都必须作废，在转账支票上的支票联与存根联的骑缝线上加盖"作废"章，然后重新开具。

转账支票作废，同时转账支票使用登记簿上也同样需要注明该张支票作废。

转账支票作废时，出纳应将作废的转账支票正联和存根联合在一起保管，同时要在支票使用登记簿上注明作废，如图7-8所示。

转账支票使用登记簿

日期	购入支票号码	使用支票号码	领用人	金额	用途	备注
2020-12-10		10213801	李丽	23,400.00	支付货款	
2020-12-10		10213802	李丽	20,000.00	付保证金	
2020-12-10		10213803	李丽	34,000.00	支付货款	
2020-12-15		10213804	李丽		作废	

图7-8　转账支票使用登记簿（作废登记）

第三节　银行本票

银行本票是出票人（银行）签发的，承诺自己在见票时无条件支付确定的金额给收款人或持票人的票据。

银行本票的基本当事人只有出票人和收款人。

一、银行本票的适用范围

单位和个人在同一票据交换区域支付各种款项时，均可以使用银行本票。

银行本票可以用于转账，注明"现金"字样的银行本票可以用于支取现金。

二、银行本票的使用规定

1. 申请人

申请人或收款人为单位的，不得申请签发现金银行本票。

2. 必须记载事项

银行本票必须记载的事项包括：表明“银行本票”的字样、无条件支付的承诺、确定的金额、收款人名称、出票日期、出票人签章。

3. 交收款人

申请人应将银行本票交付给本票上记明的收款人。

收款人受理银行本票时，应审查的事项包括：收款人是否确为本单位或本人；银行本票是否在提示付款期限内；必须记载的事项是否齐全；出票人签章是否符合规定；出票金额的大小写是否一致；出票金额、出票日期、收款人名称是否更改，更改的其他记载事项是否由原记载人签章证明。

4. 付款

提示付款期限：自出票日起最长不得超过 2 个月。

持票人超过提示付款期限不获付款的，在票据权利时效内向出票银行做出说明，并提供本人身份证件或单位证明，可持银行本票向出票银行请求付款。

5. 退款

持单位申请人的单位证明或个人申请人的身份证件申请退款。

在本行开立存款账户的申请人：只能转入原申请人账户。

现金银行本票和未在本行开立存款账户的申请人：退付现金。

6. 本票丧失

失票人可以凭人民法院出具的其享有票据权利的证明，向出票银行请求付款或退款。

三、银行本票的支付业务

（1）申请。付款单位需要使用银行本票办理结算的，应向银行填写一式三联结算业务申请书，勾选“本票申请书”，详细写明申请日期，申请人和收款人的全称、账号或地址，开户银行，金额等内容。如申请人在签发银行开立账户的，应在结算业务申请书第三联上签章。个体工商户和个人需要支取现金的应在申请书上注明“现金”字样。未在银行开户的个人办理银行本票时，应先将现金交银行出纳部门，办理领取银行本票手续。

结算业务申请书一式三联，第一联是付款银行的记账凭证联（图 7-9），第二联为收款行记账凭证联（图 7-10），第三联为付款行给付款人的回单（图 7-11）。结算业务申请书的格式由人民银行各分行确定和印制。

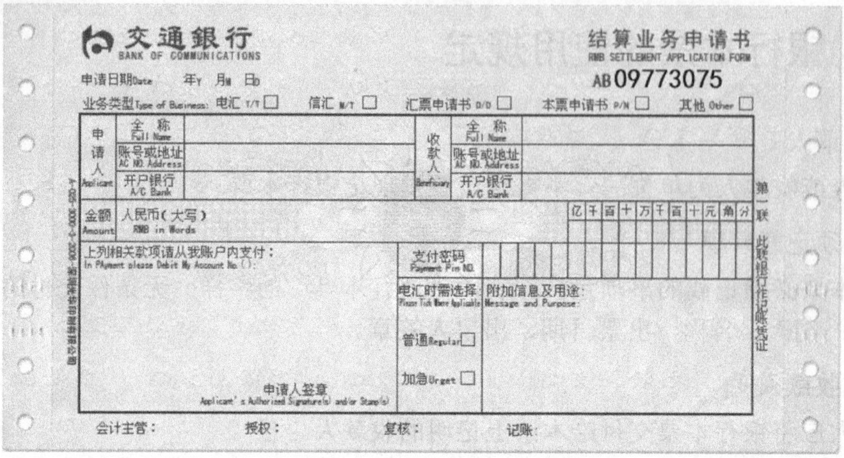
交通银行 BANK OF COMMUNICATIONS
结算业务申请书 RMB SETTLEMENT APPLICATION FORM
AB 09773075
申请日期Date 年Y 月M 日D
业务类型Type of Business: 电汇 T/T □ 信汇 M/T □ 汇票申请书 D/D □ 本票申请书 P/N □ 其他 Other □
申请人 Applicant：全称 Full Name；账号或地址 AC NO. Address；开户银行 A/C Bank
收款人 Beneficiary：全称 Full Name；账号或地址 AC NO. Address；开户银行 A/C Bank
金额 Amount：人民币（大写） RMB in Words　亿 千 百 十 万 千 百 十 元 角 分
上列相关款项请从我账户内支付： In Payment please Debit My Account No ():
支付密码 Payment Pin NO.
电汇时需选择 Please Tick Were Applicable：普通Regular □ 加急Urget □
附加信息及用途：Message and Purpose:
申请人签章 Applicant's Authorized Signature(s) and/or Stamp(s)
会计主管： 授权： 复核： 记账：
第一联 此联银行作记账凭证

图 7-9　结算业务申请书第一联

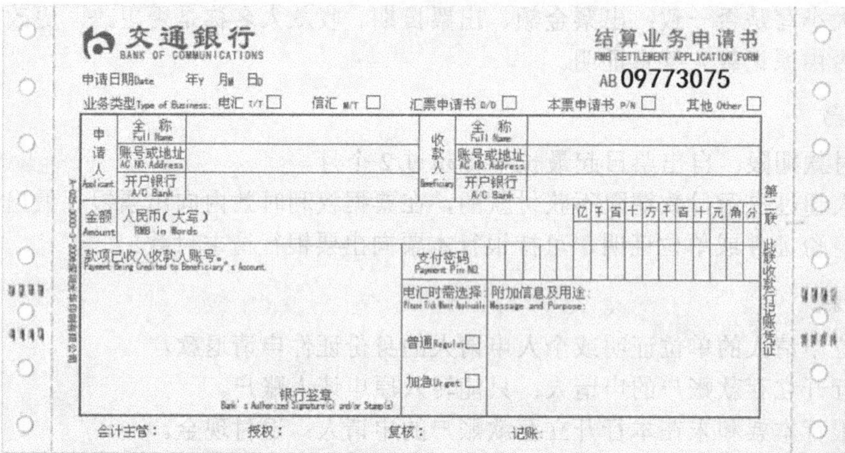
交通银行 BANK OF COMMUNICATIONS
结算业务申请书 RMB SETTLEMENT APPLICATION FORM
AB 09773075
申请日期Date 年Y 月M 日D
业务类型Type of Business: 电汇 T/T □ 信汇 M/T □ 汇票申请书 D/D □ 本票申请书 P/N □ 其他 Other □
申请人 Applicant：全称 Full Name；账号或地址 AC NO. Address；开户银行 A/C Bank
收款人 Beneficiary：全称 Full Name；账号或地址 AC NO. Address；开户银行 A/C Bank
金额 Amount：人民币（大写） RMB in Words　亿 千 百 十 万 千 百 十 元 角 分
款项已收入收款人账号。Payment Being Credited to Beneficiary's Account.
支付密码 Payment Pin NO.
电汇时需选择 Please Tick Were Applicable：普通Regular □ 加急Urget □
附加信息及用途：Message and Purpose:
银行签章 Bank's Authorized Signature(s) and/or Stamp(s)
会计主管： 授权： 复核： 记账：
第二联 此联收款行作记账凭证

图 7-10　结算业务申请书第二联

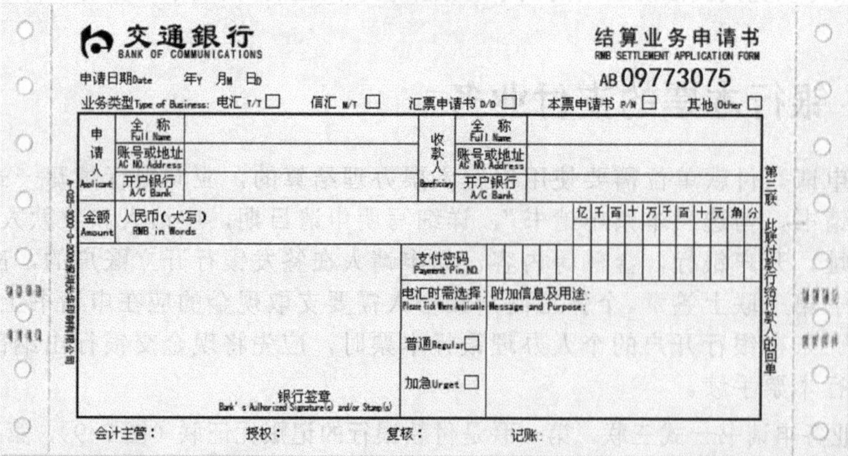
交通银行 BANK OF COMMUNICATIONS
结算业务申请书 RMB SETTLEMENT APPLICATION FORM
AB 09773075
申请日期Date 年Y 月M 日D
业务类型Type of Business: 电汇 T/T □ 信汇 M/T □ 汇票申请书 D/D □ 本票申请书 P/N □ 其他 Other □
申请人 Applicant：全称 Full Name；账号或地址 AC NO. Address；开户银行 A/C Bank
收款人 Beneficiary：全称 Full Name；账号或地址 AC NO. Address；开户银行 A/C Bank
金额 Amount：人民币（大写） RMB in Words　亿 千 百 十 万 千 百 十 元 角 分
支付密码 Payment Pin NO.
电汇时需选择 Please Tick Were Applicable：普通Regular □ 加急Urget □
附加信息及用途：Message and Purpose:
银行签章 Bank's Authorized Signature(s) and/or Stamp(s)
会计主管： 授权： 复核： 记账：
第三联 此联付款行给付款人的回单

图 7-11　结算业务申请书第三联

（2）签发本票。签发银行受理结算业务申请书后，应认真审查结算业务申请书填写的内容是否正确。审查无误后，办理收款手续。付款单位在银行开立账户的，签发银行直接从其账户划拨款项；付款人用现金办理本票的，签发银行直接收取现金。银行按照规定收取办理银行本票的手续费，其收取的办法与票款相同。银行办妥票款和手续费收取手续后，即签发银行本票，如图 7-12 所示。

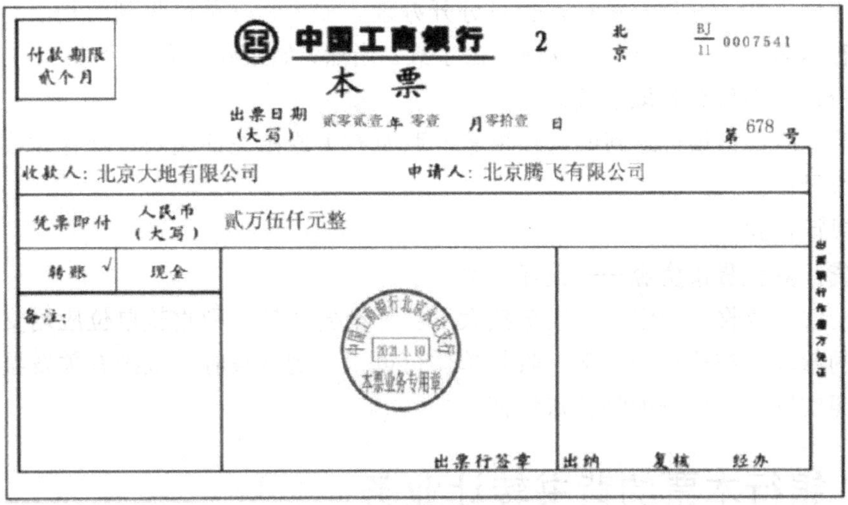
付款期限 贰个月
中国工商银行 2 北京 BJ/11 0007541
本 票
出票日期（大写） 贰零贰壹年 零壹 月零拾壹 日
第 678 号
收款人：北京大地有限公司　申请人：北京腾飞有限公司
凭票即付 人民币（大写） 贰万伍仟元整
转账 √　现金
备注：
出票行签章　出纳　复核　经办
出票银行作借方凭证

图 7-12　银行本票票样

付款单位收到银行本票和银行退回的结算业务申请书存根联后，财务部门根据结算业务申请书存根联编制银行存款付款凭证，其会计分录为

借：其他货币资金——银行本票

　　贷：银行存款

对于银行按规定收取的办理银行本票的手续费，付款单位应当编制银行存款或现金付款凭证，其会计分录为

借：财务费用——银行手续费

　　贷：银行存款或现金

四、银行本票的收款业务

收款单位收到付款单位交来的银行本票后，首先应对银行本票进行认真审查。审查的内容主要包括：

（1）银行本票上的收款单位或被背书人是否为本单位、背书是否连续。

（2）银行本票上加盖的汇票专用章是否清晰。

（3）银行本票是否在付款期内（付款期限为 2 个月）。

（4）银行本票上的各项内容是否符合规定。

（5）不定额银行本票是否有压数机压印的金额，本票金额大小写数额与压印数额是否相符。

收款单位审查无误后，受理付款单位的银行本票，填写一式两联进账单，并在银行本票背面签章，将银行本票连同进账单一并送交开户银行。开户银行接到收款单位交来的本票，按规定认真审查。审查无误后即办理兑付手续，在第一联进账单上加盖“转讫”章作收款通知退回收款单位。如果购货金额大于本票金额，付款单位用支票补足款项的，可将本票连同支票一并送存银行，也可分开办理。如果收款单位收到的是填写“现金”字样的银行本票，按规定同样应办理进账手续。当然，如果收款人是个体工商户和个人，则可凭身份证办理现金收取手续。

收款单位应根据银行退回的进账单第一联及有关原始凭证编制银行存款收款凭证，编制会计分录：

借：银行存款

　　贷：其他货币资金——银行本票

如果收款单位收到的银行本票金额大于实际销售金额，则收款单位应用支票或现金退回多余的款项。在这种情况下，收款单位可以于收到本票时，根据有关发票存根等原始凭证按照实际销货金额编制转账凭证。

五、银行本票的背书转让业务

按照规定，银行本票一律记名，并允许背书转让。银行本票的持有人转让本票，应在本票背面背书栏内背书，并签章，注明背书日期，在被背书人栏内填写受票单位名称，之后将银行本票直接交给被背书单位，同时向被背书单位交验有关证件，以便被背书单位查验。被背书单位对收到的银行本票应认真进行审查，其审查内容与收款单位审查内容相同。按照规定，银行本票的背书必须连续，也就是说银行本票上的任意一个被背书人就是紧随其后的背书人，并连续不断。如果本票的签发人在本票的正面注有“不准转让”字样，则该本票不得背书转让；背书人也可以在背书时注明“不准转让”，以禁止本票背书转让后再转让。

如果收款单位收到银行本票之后，不准备立即到银行办理进账手续，而是准备背书转让，用来支付款项或偿还债务，则应在取得银行本票时编制转账凭证。

收款单位将收到的银行本票背书转让给其他单位时，应根据有关原始凭证编制转账凭证。如果用收到的银行本票购买物资，则按发票账单等原始凭证编制转账凭证。

如果用收受的银行本票偿还债务，应编制会计分录：

借：应付账款

　　贷：其他货币资金——银行本票

六、银行本票的退款业务

银行本票见票即付，其流动性极强，银行不予挂失。一旦遗失或被窃，被人冒领款项，后果由银行本票持有人自负。所以银行本票持有人必须像对待现金那样，认真、妥善保管银行本票，防止遗失或被窃。

按照规定，超过付款期限的银行本票如果同时具备下列两个条件的，可以办理退款：①该银行本票由签发银行签发后未曾背书转让；②持票人为银行本票的收款单位。付款单位办理退款手续时，应填制一式两联进账单连同银行本票一并送交签发银行，签发银行审查同意后在第一联进账单上加盖“转讫”章退给付款单位作为收账通知。付款单位凭银行退回的进账单第一联编制银行存款收款凭证，会计分录为

借：银行存款

　　贷：其他货币资金——银行本票

如果遗失不定额银行本票，且付款期满 1 个月确未冒领的，可以到银行办理退款手续。在办理退款手续时，应向签发银行出具盖有单位公章的遗失银行本票退款申请书，连同填制好的一式两联进账单一并交银行办理退款，并根据银行退回的进账单第一联编制银行存款收款凭证，其会计分录同上。

第四节 银行汇票

汇票是出票人签发的，委托付款人在见票时或者在指定日期无条件支付确定的金额给收款人或者持票人的票据。汇票分为银行汇票和商业汇票。

一、银行汇票概述

银行汇票是出票银行签发的，由其在见票时按照实际结算金额无条件支付给收款人或者持票人的票据，其正反面分别如图 7-13、图 7-14 所示。

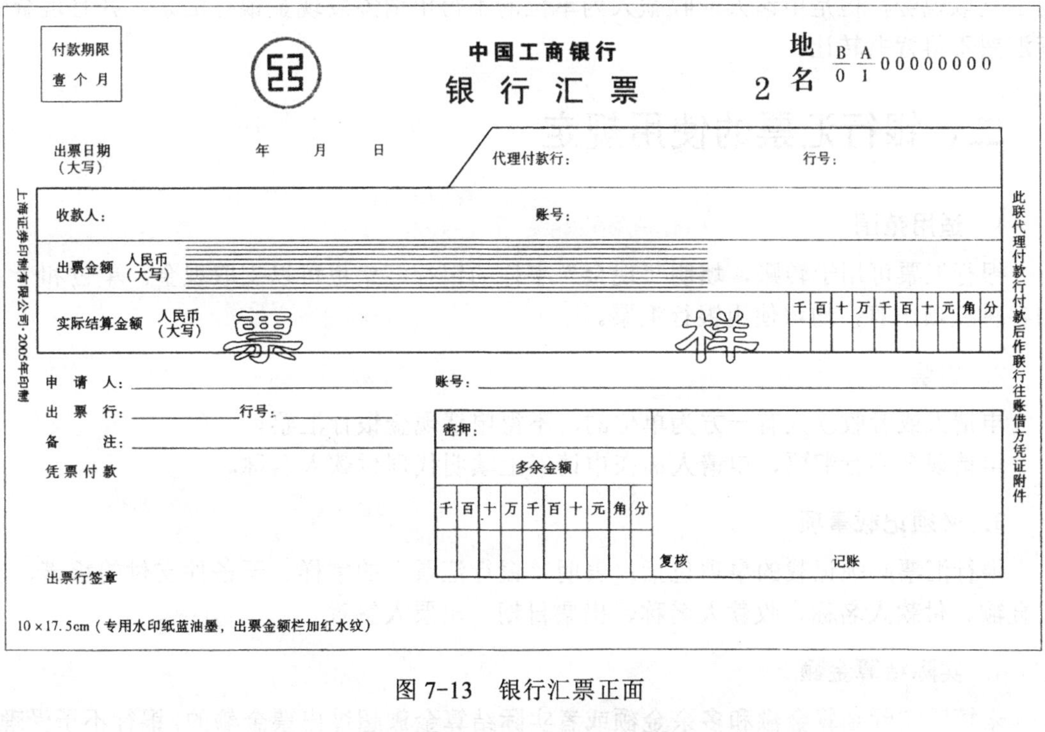
付款期限 壹个月

中国工商银行
银行汇票　2　地名 $\frac{BA}{01}$ 00000000

出票日期（大写）　年　月　日　代理付款行：　行号：

收款人：　账号：

出票金额　人民币（大写）

实际结算金额　人民币（大写）　千百十万千百十元角分

申请人：　账号：

出票行：　行号：

备注：

凭票付款　密押：

多余金额　千百十万千百十元角分

出票行签章　复核　记账

上海证券印制有限公司·2005年印制

此联代理付款行付款后作联行往账借方凭证附件

10×17.5cm（专用水印纸蓝油墨，出票金额栏加红水纹）

图 7-13　银行汇票正面

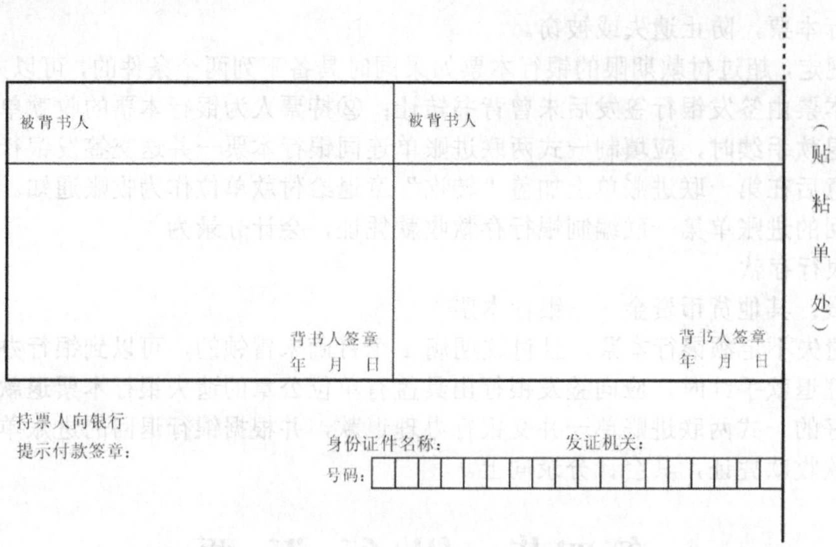

图 7-14　银行汇票背面

银行汇票适用于单位、个体工商户及个人之间各种款项的支付。在实务中，银行汇票基本上使用于异地结算。

银行汇票一式四联：第一联为卡片联，由银行保留；第二联为汇票正联，用于支付结算；第三联为解讫通知，在收款人拿到银行进账单后由收款银行保留；第四联为多余款收账通知，在签发行结清后交汇款人。

如果是现金银行汇票，则在银行汇票金额前多加“现金”字样。现金银行汇票可以用于支取现金，但是申请人或收款人为单位的不得申请签发现金银行汇票，并且现金银行汇票不得背书转让。

二、银行汇票的使用规定

1. 适用范围

银行汇票可用于转账，填明“现金”字样的银行汇票也可以支取现金。单位和个人的各种款项结算，均可使用银行汇票。

2. 出票

申请人或者收款人有一方为单位的，不得申请现金银行汇票。

申请现金银行汇票，申请人需在申请书上填明代理付款人名称。

3. 必须记载事项

银行汇票必须记载的事项包括：表明“银行汇票”的字样、无条件支付的承诺、出票金额、付款人名称、收款人名称、出票日期、出票人签章。

4. 实际结算金额

未填明实际结算金额和多余金额或者实际结算金额超过出票金额的，银行不予受理。

实际结算金额一经填写不得更改，更改实际结算金额的银行汇票无效。

未填写实际结算金额或者实际结算金额超过出票金额的银行汇票不得背书转让。

5．提示付款

银行汇票自出票之日起 1 个月提示付款。持票人超过付款期限提示付款，代理付款银行不予受理。持票人可在票据权利期内，向出票银行做出说明并提供证件，持汇票正联和解讫通知向出票行请求付款。

未在银行开立存款账户的个人银行汇票持票人可以向任何一家银行机构提示付款。

6．退款

退款需提交汇票正联和解讫通知，并同时提交单位申请人的单位证明或个人申请人的身份证件。转账银行汇票只能转入原申请人账户；现金银行汇票退付现金。

申请人缺少解讫通知要求退款的，出票银行应于银行汇票提示付款期满 1 个月后办理。

失票人可以凭人民法院出具的其享有票据权利的证明，向出票银行请求付款或退款。

三、银行汇票的付款业务

付款单位出纳人员前往签发银行填写结算业务申请书，并取得银行盖章后退回的第三联。付款单位出纳人员取得银行签发的汇票正联和解讫通知联，付款单位会计人员根据银行盖章后退回的银行汇票第二联，编制付款凭证。办理银行汇票，银行按规定收取手续费、邮电费，付款单位会计人员根据银行出具的收费收据，编制付款凭证。用银行汇票支付款项后，付款单位财务部门制单人员编制转账凭证。付款单位出纳人员登记银行存款日记账。

（一）申请银行汇票

向银行申请银行汇票，需填写结算业务申请书。

开具结算业务申请书时，应当注意以下几点：

（1）应注意填写：①申请日期；②业务类型；③申请人及收款人全称、账号或地址、开户银行；④金额大小写；⑤附加信息及用途。

（2）签章。在填写完整的结算业务申请书上签章，签章必须清晰且不能重叠，否则银行不予办理。

（3）生成密码并填入。结算业务申请书填写完成后，银行需要使用支付密码器生成密码，并填入支付密码区内。密码器的使用方法与支票类似，但是不必像支票一样，等到银行之后才填写支付密码。

（二）签发银行汇票

申请人带上结算业务申请书去银行柜台办理，柜台人员收到结算业务申请书时，审核申请书上的信息无误后，将从申请人账户上直接划扣汇票款，并按申请书上的内容据以签发银行汇票。

签发银行汇票时，不需要申请人在银行汇票上填写相关信息，银行汇票的信息内容由银行自动生成并打印，打印的银行汇票代理付款行和实际结算金额为空。

申请人拿到银行签发的银行汇票，首先审核银行汇票上的信息内容，无误后在银行汇票的卡片联签章。然后柜台人员在银行汇票正联盖上银行专用章及私章。

银行签发完毕，申请人将收到银行汇票正联、解讫通知及结算业务申请书第三联：

（三）支付结算

申请人拿到银行签发的银行汇票第二联（正联）、第三联（解讫通知）时，便可将其交给经办人用于支付结算。结算时，经办人员应在银行汇票的“实际结算金额”处填上实际支付金额。完成后便可将这两联交给收款人办理结算。

出纳应将银行汇票第二联（正联）复印两份以备做账，一份交给会计做账使用，一份出纳自行留存，使用原件支付货款。

（四）收回多余款

代理付款行收到持票人交来的银行汇票第二联（正联）、第三联（解讫通知）及进账单并审核无误后，按实际结算金额将款项划转给持票人账户，并将银行汇票第三联（解讫通知）寄给出票行。如果有多余款，出票行还需把多余款汇转申请人账户，同时将银行汇票第四联（多余款收账通知）交给申请人，申请人据以做入账处理。

当没有多余款时，银行将第四联进行留底，不会将其退还给企业。企业也不用再做其他多余款的入账处理。

四、银行汇票的收款业务

企业或单位收到银行汇票时，应该认真审查。出纳要先审核银行汇票收款人、印章、付款期限等各项内容是否符合规定，具体内容主要包括：

（1）收款人或背书人是否确为本单位人员。

（2）银行汇票是否在付款期内，日期、金额等填写是否正确无误。

（3）印章是否清晰，压数机压印的金额是否清晰。

（4）银行汇票正联和解讫通知是否齐全、相符。

（5）汇款或背书人的证明或证件是否无误，背书人证件上的姓名与其背书是否一致。

审核完毕后，可以直接办理进账或者背书转让。

与申请汇票时相同，出纳收到银行汇票审核无误后，应将汇票复印两份，一份自己保管，另一份移交会计做账，使用原件到银行办理进账或背书转让。

（一）直接办理进账

出纳收到付款人开出的银行汇票正联、解讫通知。持汇票去银行办理进账时，需在银行汇票正联的背面“持票人向银行提示付款签章”处签章。

出纳根据银行汇票上面的信息填写进账单，随后将其一起交给代理付款行办理进账。

（二）背书转让

收到银行汇票时，企业还可以进行背书转让给他人。背书转让是转让票据权利的背书行为。

背书转让需在银行汇票正联背面“被背书人”处填写被背书人的名称，并在“背书人签章”的方框内签章，如图 7-15 所示，并不需对银行汇票第三联（解讫通知）做任何处理，然后背书人再将银行汇票第二联（正联）、第三联（解讫通知）交给被背书人。

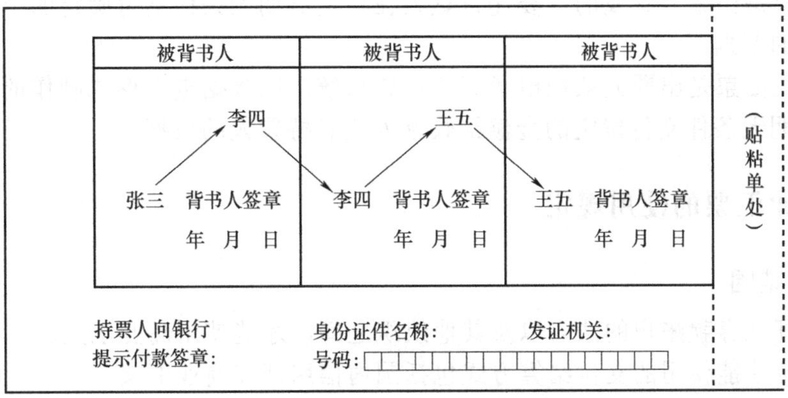

图 7-15 银行汇票的背书

小贴士

1．问：能否办理一张面值为 300 元的银行汇票？

答：不能。因为银行汇票的汇款金额起点为 500 元。

2．问：能否办理一张期限为 3 个月的银行汇票？

答：不能。因为银行汇票提示付款期为 1 个月。

银行汇票过期时可以要求退款，应填制进账单连同银行汇票第二联（正联）及第三联（解讫通知）一起交给出票行。

申请人为单位的，应出具原因说明的正式公函，银行将票款退回原申请人账户。在办理退款后，将进账单的第一、第三联盖章并退给申请人。

申请人为个人的，可凭本人有效身份证支取现金。

3．问：个人想办理一张现金银行汇票，银行是否给予办理？

答：银行给予办理。用于取现的银行汇票申请人和收款人只能为个人，单位不得申请现金银行汇票。

（1）填写申请单时，应在大写金额前加“现金”字样。出票银行签发银行汇票时亦会在大写金额前写上“现金”字样。

（2）收款人去银行办理现金银行汇票时，应提交个人有效身份证并在银行汇票正联背面填明身份证相关信息，银行审核无误后方可支取现金。

4．问：银行汇票遗失了怎么办？

答：如果遗失银行汇票，失票人应当立即向签发银行或兑付银行请求挂失止付。申请人挂失止付应提交汇票挂失申请书，并写明“汇票挂失”字样。

如果在银行受理挂失前或者对方银行收到挂失通知前，汇票金额已被人冒领的，银行不再承担付款责任。

第五节　商业汇票

商业汇票是出票人签发的，委托付款人在指定日期无条件支付确定的金额给收款人或者持票人的票据。

电子商业汇票是出票人依托电子商业汇票系统，以数据电文形式制作的，委托付款人在指定日期无条件支付确定的金额给收款人或者持票人的票据。

一、商业汇票的使用规定

1．适用范围

在银行开立存款账户的法人以及其他组织之间，才能使用商业汇票。

只有单位才能使用的支付结算方式包括国内信用证和商业汇票。

2．分类

商业汇票的承兑人为其付款人，根据承兑人的不同，商业汇票分为商业承兑汇票和银行承兑汇票，见表7-3。

表7-3　商业汇票的分类

分类标准	票据类别
由银行以外的付款人承兑	（电子）商业承兑汇票
由银行承兑	（电子）银行承兑汇票

3．电子商业汇票的强制使用

单张出票金额在100万元以上的商业汇票原则上应全部通过电子商业汇票办理。

单张出票金额在300万元以上的商业汇票应全部通过电子商业汇票办理。

4．必须记载事项

纸质商业汇票的必须记载事项包括：表明“商业承兑汇票”或“银行承兑汇票”的字样、无条件支付的委托、确定的金额、付款人名称、收款人名称、出票日期、出票人签章。

电子商业汇票的必须记载事项包括：表明“电子商业承兑汇票”或“电子银行承兑

汇票”的字样、无条件支付的委托、确定的金额、出票人名称、付款人名称、收款人名称、出票日期、票据到期日、出票人签章。

二、出票

1. 出票人的资格

出票人的资格见表 7-4。

表 7-4 出票人的资格

票据类型	企业条件
纸质商业汇票	在（承兑）银行开立存款账户 与付款人（承兑银行）具有真实的委托付款关系 有支付汇票金额的可靠资金来源
电子商业汇票	签约开办对公业务的企业网银等电子服务渠道
	与银行签订《电子商业汇票业务服务协议》

2. 出票人的确定

商业承兑汇票可以由付款人签发并承兑，也可以由收款人签发并交由付款人承兑。

银行承兑汇票应由在承兑银行开立存款账户的存款人签发。

三、承兑

商业承兑汇票可以在出票时向付款人提示承兑后使用，也可以在出票后先使用再向付款人提示承兑。商业承兑汇票经承兑后，承兑人便负有到期无条件支付票款的责任。在商品交易中，销货人向购货人索取货款的汇票时，存款人必须在汇票的正面签“承兑”字样，并签章。在汇票到期前付款人应向开户行交足票款。汇票到期后，银行凭票从付款单位账户划转给收款人或贴现银行。汇票到期若付款人账户不足支付，开户行将汇票退收款人，由收、付双方自行解决。同时对付款人比照空头支票规定，处以票面金额1%的罚金。

对于电子商业汇票的资信审查，资信良好的企业电子商务企业金融机构可进行在线审核。

四、商业汇票的贴现

贴现是指持票人在票据到期日前，将票据权利背书转让给金融机构，由其扣除一定利息后，将约定金额支付给持票人的票据行为。

1. 贴现的分类

按交易方式，贴现分为买断式贴现和回购式贴现。

买断式贴现：申请人将汇票的全部权利转让给贴现银行，不可在票据到期日前回购票据。银行对买断式商业承兑汇票贴现不可以对贴现申请人行使追索权，但可以向出票人、承兑人、背书人、保证人进行追索。

回购式贴现：已在商业银行办理贴现业务的客户，在票据到期之前可根据自身资金安排的需求，在约定的赎回期内将该票据进行回购，商业银行根据其实际用款天数，将已收取的剩余时间的贴现利息返还给客户的一种贴现业务。

2. 贴现的条件

票据未到期；未记载不得转让字样；持票人是在银行开立存款账户的企业法人以及其他组织；持票人与出票人或者直接前手之间具有真实的商品交易关系。

电子商业汇票贴现必须记载的事项包括：贴出人名称、贴入人名称、贴现日期、贴现类型、贴现利率、实付金额、贴出人签章。

电子商业汇票回购式贴现赎回时应做成背书，并记载原贴出人名称、原贴入人名称、赎回日期、赎回利率、赎回金额、原贴入人签章。

3. 贴现保证（为转贴现提供保证）

贴现人可以按照市场化原则选择商业银行对纸质票据进行保证增信。保证增信行对纸质票据进行保管并为贴现人的偿付责任进行先行偿付。

五、票据信息登记与电子化

1. 票据市场基础设施

上海票据交易所是中国人民银行指定的提供票据交易、登记托管、清算结算和信息服务的机构。

票据信息登记与电子化通过票据市场基础设施完成，而非中国人民银行大额支付系统。

2. 纸质商业承兑汇票的登记

纸质票据贴现前，金融机构办理承兑、质押、保证等业务，应当不晚于业务办理的次一工作日在票据市场基础设施（上海票据交易所）完成相关信息登记工作。

纸质商业承兑汇票完成承兑后，承兑人开户银行应当根据承兑人委托代其进行承兑信息登记。

承兑信息未能及时登记的，持票人有权要求承兑人补充登记承兑信息。

纸质票据票面信息与登记信息不一致的，以纸质票据票面信息为准。

3. 电子商业汇票的登记

电子商业汇票的签发、承兑、质押、保证、贴现等信息，应当通过电子商业汇票系统同步传送至票据市场基础设施。

4. 票据信息登记与电子化前提下纸质票据贴现的特殊规定

贴现人办理纸质票据贴现时，应当通过票据市场基础设施查询票据承兑信息，并在确认纸质票据必须记载事项与已登记承兑信息一致后，为贴现申请人办理贴现。

信息不存在或纸质票据必须记载事项与已登记承兑信息不一致的不得办理贴现。

贴现申请人无须提供发票、合同等资料。

贴现人办理纸质票据贴现后，应当在票据上记载“已电子登记权属”字样，该票据应当通过票据市场基础设施办理背书转让、质押、保证、提示付款等票据业务，不再以纸质形式进行。

贴现人应当对纸质票据进行妥善保管。

六、票据交易种类

转贴现：卖出方将未到期的已贴现票据向买入方转让的交易行为。

质押式回购：正回购方在将票据出质给逆回购方融入资金的同时，双方约定在未来某一日期由正回购方按约定金额向逆回购方返还资金、逆回购方向正回购方返还原出质票据的交易行为。

买断式回购：正回购方将票据卖给逆回购方的同时，双方约定在未来某一日期，正回购方再以约定价格从逆回购方买回票据的交易行为。

七、商业汇票的到期处理

1. 票据到期后的偿付顺序

票据到期后的偿付顺序见表 7-5。

表 7-5 票据到期后的偿付顺序

适用情形		偿付顺序
票据未经付款确认和保证增信即交易	交易后仍未经付款确认	贴现人偿付
	交易后经付款确认	承兑人付款→贴现人偿付
票据经付款确认但未保证增信即交易		承兑人付款→贴现人偿付
票据保证增信后即交易但未经付款确认		保证增信行偿付→贴现人偿付
票据保证增信后且经承兑人付款确认		承兑人付款→保证增信行偿付→贴现人偿付

2. 商业汇票的付款期限与提示付款期限

商业汇票的付款期限与提示付款期限见表 7-6。

表 7-6 商业汇票的付款期限与提示付款期限

两个期限	票据种类	起算点及长度
付款期限	纸质商业汇票	自出票日起最长不得超过 6 个月
	电子商业汇票	自出票日起最长不得超过 1 年
提示付款期限	远期商业汇票	自汇票到期日起 10 天
	即付商业汇票	自出票日起 1 个月

持票人未按规定期限提示付款，持票人开户银行不予受理，但在做出说明后，承兑人或者付款人仍应当继续对持票人承担付款责任。

（1）持票人在提示付款期内通过票据市场基础设施提示付款的，承兑人应当在提示付款“当日”进行应答或者委托其开户行进行应答。

（2）承兑人存在合法抗辩事由拒绝付款的，应当在提示付款当日出具或者委托其开户行出具拒绝付款证明，并通过票据市场基础设施通知持票人。

（3）承兑人或者承兑人开户行在提示付款当日未做出应答的，视为拒绝付款，票据市场基础设施提供拒绝付款证明并通知持票人。

3. 付款

不同情形下商业汇票的付款程序见表 7-7。

表 7-7 不同情形下商业汇票的付款程序

票据	适用情形	具体程序
商业承兑汇票	承兑人账户余额充足	承兑人开户行代承兑人做出同意付款应答，并于提示付款日向持票人付款
	承兑人账户余额不足	（1）视同拒绝付款 （2）承兑人开户行应当于提示付款日代承兑人做出拒付应答并说明理由，同时通过票据市场基础设施通知持票人
银行承兑汇票	承兑人已进行付款确认	票据市场基础设施根据承兑人的委托于提示付款日代承兑人发送指令划付资金至持票人资金账户

保证增信行或贴现人承担偿付责任时，应当委托票据市场基础设施代其发送指令，支付资金至持票人账户。

小贴士

各种票据的时间性规定见表 7-8。

表 7-8 各种票据的时间性规定

<table>
<tr><th colspan="3">票据种类</th><th>提示承兑期限</th><th>提示付款期限</th><th>票据权利时效</th></tr>
<tr><td rowspan="4">汇票</td><td>银行汇票</td><td>见票即付</td><td>无须</td><td>出票日起 1 个月</td><td>出票日起 2 年</td></tr>
<tr><td rowspan="3">商业汇票</td><td>定日付款</td><td rowspan="2">到期日前提示承兑</td><td rowspan="3">到期日起 10 天</td><td rowspan="3">到期日起 2 年</td></tr>
<tr><td>出票后定期付款</td></tr>
<tr><td>见票后定期付款</td><td>出票日起 1 个月</td></tr>
<tr><td colspan="3">本票</td><td>无须</td><td>出票日起 2 个月</td><td>出票日起 2 年</td></tr>
<tr><td colspan="3">支票</td><td>无须</td><td>出票日起 10 天</td><td>出票日起 6 个月</td></tr>
<tr><td colspan="5">追索权</td><td>6 个月</td></tr>
<tr><td colspan="5">再追索权</td><td>3 个月</td></tr>
<tr><td colspan="3" rowspan="2">商业汇票的付款期限</td><td colspan="2">一般</td><td>不超过 6 个月</td></tr>
<tr><td colspan="2">电子</td><td>不超过 1 年</td></tr>
</table>

八、银行承兑汇票

1. 银行承兑汇票概述

银行承兑汇票是商业汇票的一种，是指由在承兑银行开立存款账户的存款人签发，向开户银行申请并经银行审查同意承兑的，保证在指定日期无条件支付确定的金额给收款人或持票人的票据。对出票人签发的商业汇票进行承兑是银行基于对出票人资信的认可而给予的信用支持。

实务中，很多企业由于资金紧张，会使用银行承兑汇票支付货款，从而缓解资金压力。银行承兑汇票在全国范围内均可使用，有银行信用作为担保，还能背书转让，承兑性与流动性很强。银行承兑汇票承兑期限最长不超过 6 个月，在企业中经常会签发银行承兑汇票，是企业短期资金融通的好帮手。

银行承兑汇票一式三联。第一联是承兑银行留存备查用，到期支付票款时作借方凭证附件（图 7-16）；第二联是收款人开户行随托收凭证寄付款行作借方凭证附件（图 7-17）；第三联为存根联，由出票人存查（图 7-18）。

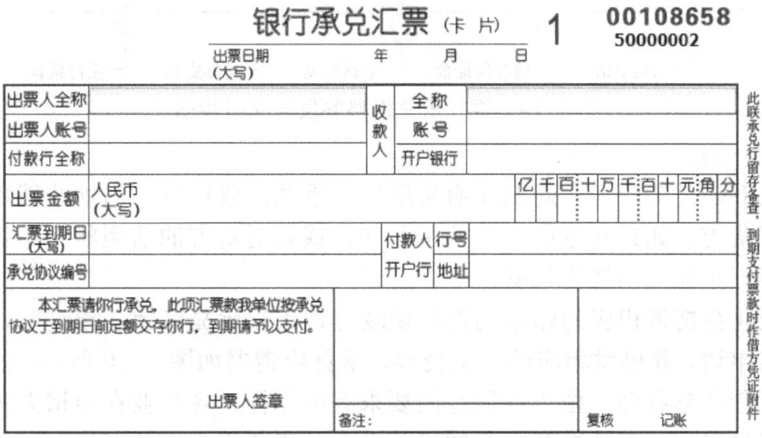
银行承兑汇票（卡 片） 1 00108658 50000002
出票日期（大写） 年 月 日

出票人全称		收款人	全称	
出票人账号			账号	
付款行全称			开户银行	
出票金额	人民币（大写）			亿 千 百 十 万 千 百 十 元 角 分
汇票到期日（大写）		付款人开户行	行号	
承兑协议编号			地址	

本汇票请你行承兑，此项汇票款我单位按承兑协议于到期日前足额交存你行，到期请予以支付。
出票人签章
备注：
复核 记账
此联承兑行留存备查，到期支付票款时作借方凭证附件

图 7-16 银行承兑汇票第一联

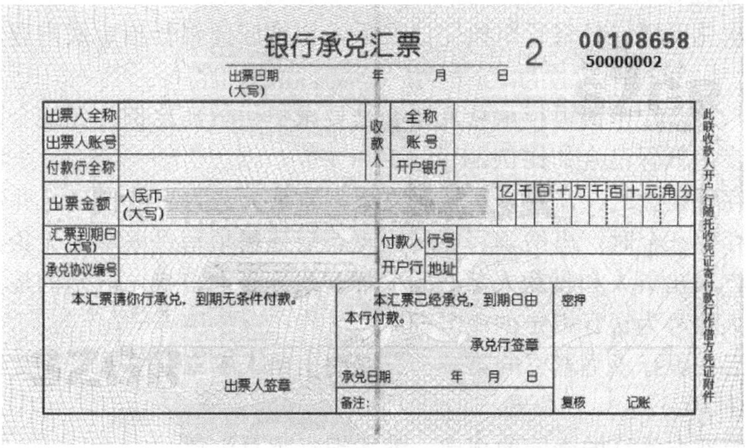
银行承兑汇票 2 00108658 50000002
出票日期（大写） 年 月 日

出票人全称		收款人	全称	
出票人账号			账号	
付款行全称			开户银行	
出票金额	人民币（大写）			亿 千 百 十 万 千 百 十 元 角 分
汇票到期日（大写）		付款人开户行	行号	
承兑协议编号			地址	

本汇票请你行承兑，到期无条件付款。
出票人签章
本汇票已经承兑，到期日由本行付款。
承兑行签章
承兑日期 年 月 日
备注：
密押
复核 记账
此联收款人开户行随托收凭证寄付款行作借方凭证附件

图 7-17 银行承兑汇票第二联

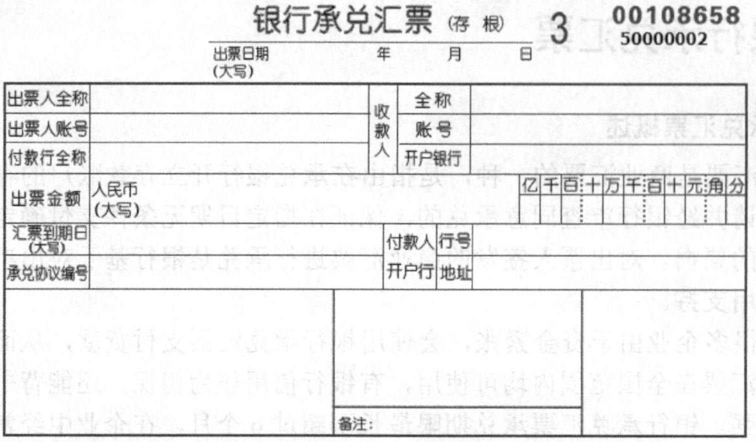
银行承兑汇票（存根） 3 00108658 50000002

出票日期（大写） 年 月 日

出票人全称		收款人	全称	
出票人账号			账号	
付款行全称			开户银行	
出票金额	人民币（大写）			亿 千 百 十 万 千 百 十 元 角 分
汇票到期日（大写）		付款人开户行	行号	
承兑协议编号			地址	
		备注：		

此联由出票人存查

图 7-18　银行承兑汇票第三联

2．银行承兑汇票的签发与兑付

银行承兑汇票的签发与兑付步骤如图 7-19 所示。

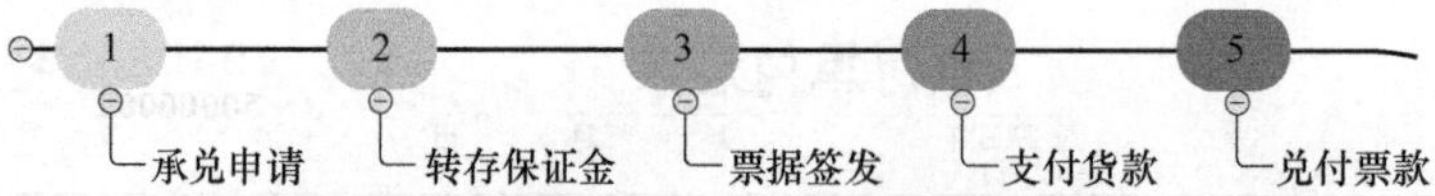

图 7-19　银行承兑汇票签发与兑付步骤

（1）承兑申请。

一般情况下，只有购销合同上注明使用银行承兑汇票结算，出纳才能申请银行承兑汇票。作为销货方，如果对方的商业信用不佳，或者对对方的信用状况不甚了解或信心不足，使用银行承兑汇票较为稳妥。

实务中企业会携带相应的印章到银行现场办理银行承兑汇票。申请时，出纳要先向开户银行提出申请，并提供相应的申请资料，承兑申请书如图 7-20 所示，然后要到各银行指定的分行营业部办理。由于各银行的要求有所差异，各企业在申请办理银行承兑汇票之前，最好先咨询一下各自开户行的相关人士，避免不必要的麻烦。

（2）转存保证金。

企业提出承兑申请，经银行审核完成之后，出纳应向银行指定账户存入保证金或办理担保。

一般来说，第一次申请银行承兑汇票会被要求提供较高比例的保证金，而在以后的办理中则会逐步降低保证金的比例。

企业在转存保证金时，需要填写转账支票，收款人应为企业自己，并签章。

企业在转存保证金时，出纳填写完转账支票后还需填写进账单。无论是填写转账支票还是进账单，其出票人和收款人都必须一样，均为企业自身。区别的地方在于填写进账单时，收款人账号为银行指定的账号。

填写完成后在银行承兑汇票的第一、二联的出票人签章处签章，再交给银行。

（3）票据签发。

付款方按照双方签订的合同的规定，签发银行承兑汇票。

付款单位出纳员在填制银行承兑汇票时，应当逐项填写银行承兑汇票中签发日期，收款人和承兑申请人（即付款单位）的单位全称、账号、开户银行，汇票金额大、小写，汇票到期日等内容，并在银行承兑汇票的第一联、第二联、第三联的“汇票签发人签章”处签章。

承兑申请书

编号：______

××银行____支行：

一、我公司向贵行申请承兑如下商业汇票：

汇票号码	汇票金额	出票人	收款人	签发日期	汇票到期日
				年 月 日	年 月 日
				年 月 日	年 月 日
				年 月 日	年 月 日
				年 月 日	年 月 日
				年 月 日	年 月 日
				年 月 日	年 月 日

二、我公司确认和保证如下：

（一）遵守已与贵行签订的“授信协议”（如有）和“银行承兑合作协议”。

（二）根据贵行的要求，按承兑汇票的票面金额的____向贵行支付承兑手续费。

（三）向贵行存入承兑汇票票面金额的____%的保证金（账号以贵行系统自动生成的为准），该资金自进入该账户之日起视为特定化和移交贵行占有，作为上述商业汇票承兑业务的担保，未经贵行许可我公司不得动用。

（四）本申请书所陈述的各项内容及所附资料真实、合法、有效。

申请人：

申请日期：

银行确认栏：

××银行__________行（盖章）

主要负责人或授权代理人（签字/盖名章）：　　　　　　日期：

本申请书一式两份，银行信用风险管理部门和会计部门各留一份。

图 7-20　银行承兑汇票承兑申请书

（4）支付货款。

付款单位出纳员在填制完银行承兑汇票后，应将汇票的有关内容与交易合同进行核对，核对无误后填制银行承兑协议及银行承兑汇票清单，并在“承兑申请人”处盖单位公章。银行承兑协议一般为一式三联，银行信贷部门一联，银行会计部门一联，付款单位一联，其内容主要是汇票的基本内容，汇票经银行承兑后承兑申请人应遵守的基本条款等。待银行审核完毕之后，在银行承兑协议上加盖银行公章或合同章，在银行承兑汇票上加盖汇票专用章，并至少加盖一个经办人私章。之后，将汇票交给出纳，出纳就可以将银行承兑汇票用于结算了。

银行承兑汇票交给对方前，出纳应先将银行承兑汇票的正联复印两份同时制作签收表格，以便于管理和及时查看票据是否到期。

（5）兑付票款。

银行承兑汇票交给收款方后，出纳应在票据到期前将足额的票款存入付款账号。

银行承兑汇票到期后，出纳会收到银行的付款通知，出纳应将付款通知与银行承兑汇票签收表核对，核对金额、日期等信息，确认无误后，银行会把款项划转给收款人。

按照银行承兑协议的规定，付款单位办理承兑手续应向承兑银行支付手续费，由开户银行从付款单位存款户中扣收。按照现行规定，银行承兑手续费按银行承兑汇票的票面金额的万分之五计收，每笔手续费不足10元的，按10元计收。

纸质银行承兑汇票的承兑期限最长不超过6个月，电子银行承兑汇票的承兑期限最长不超过1年。承兑申请人在银行承兑汇票到期未付款的，按规定计收逾期罚息。

兑付票款应该在银行承兑汇票到期日后10天内办理，若超过规定时间，则需要向银行提交相关说明。

另外，若企业到期无力支付，银行会先将账户的余额和申请时转存的保证金一并扣除，然后垫付企业不足支付的款项。到时，企业不仅要偿还银行垫付的款项，还要支付相关的利息并在中国人民银行生成不良记录。

3. 收到银行承兑汇票的后续处理

出纳收到银行承兑汇票后，后续一般有以下三种处理情形：

（1）到期托收。到期托收是指待银行承兑汇票到期之后办理托收票款。银行承兑汇票到期办理托收一般要经过：到银行提示付款、填制托收凭证、将资料提交银行、到银行拿收账通知四个步骤。

1）到银行提示付款。银行承兑汇票到期后，出纳应在到期日起10天内，向承兑银行提示付款。

2）填制托收凭证。填制托收凭证之前，要先在银行承兑汇票的背面签章，并注明为委托收款。

到银行提示付款，填写托收凭证前，应在银行承兑汇票的背面背书人签章处签章，并写上“委托收款”四个字。

提示付款时，出纳应到银行申请委托收款，填制托收凭证，如图7-21所示。

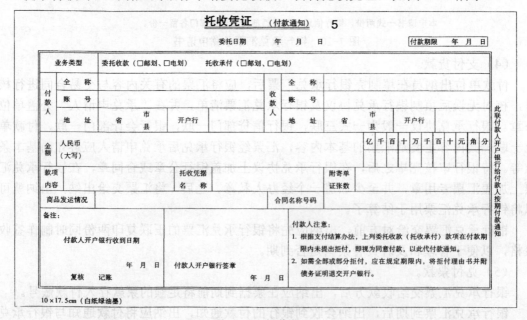

托收凭证（付款通知） 5

委托日期　年　月　日　　　　付款期限　年　月　日

业务类型	委托收款（□邮划、□电划）　托收承付（□邮划、□电划）						
付款人	全称			收款人	全称		
	账号				账号		
	地址	省　市/县	开户行		地址	省　市/县	开户行
金额	人民币（大写）				亿 千 百 十 万 千 百 十 元 角 分		
款项内容		托收凭据名称			附寄单证张数		
商品发运情况					合同名称号码		

备注：

付款人开户银行收到日期　年　月　日

复核　记账

付款人开户银行签章　年　月　日

付款人注意：

1. 根据支付结算办法，上列委托收款（托收承付）款项在付款期限内未提出拒付，即视为同意付款，以此代付款通知。
2. 如需全部或部分拒付，应在规定期限内，将拒付理由书并附债务证明退交开户银行。

此联付款人开户银行给付款人按期付款通知

10×17.5cm（白纸绿油墨）

图7-21　托收凭证

托收凭证一般是一式五联：第一联是收款人开户银行给收款人的受理回单；第二联是收款人开户银行作贷方凭证；第三联是付款人开户银行作借方凭证；第四联是付款人开户行凭已汇款或收款人开户银行作收账通知；第五联是付款人开户银行给付款人按期付款的通知。

填写托收凭证时应注意填写以下几项：委托日期，业务类型，付款人、收款人信息，金额，托收凭据名称，附寄单证张数。

一般情况下，选择电划到账速度比较快，出纳在办理时根据公司的需要选择。另外，实务中去银行办理委托收款所填的托收凭证，其付款人信息栏的付款名称只需要填写开票银行的名称，其余的可以不填写。

托收凭证填写完后，还要在托收凭证上签章。在第二联签章后，就可以向银行提示付款了。

3）将资料提交银行。将托收凭证和银行承兑汇票一同交给开户银行办理委托收款。银行审查无误后，会将回单联交给出纳。

4）到银行拿收账通知。

当款项到达企业账户后，银行会将收账通知交给企业，出纳可以到企业的电子回单箱或银行对公柜台领取。

实务中，银行不一定把托收凭证第四联送交企业，而是另外打印银行流水单交给企业作为收账通知。

（2）背书转让。银行承兑汇票不仅可以等到到期后委托银行收款，也可以在票据还没到期的时候背书转让。背书可以分两种情况：首次背书和多次背书。

1）首次背书。进行首次背书时，只需要在被背书人处写上被背书人的公司名称并签章，再写上背书日期即可。

2）多次背书。如果本公司是被背书人，也可将其再背书。银行承兑汇票的背书一定要连续，要满足后一个背书人要与前一个被背书人相一致的原则（斜线一致原则），如图 7-15 所示。

若由于多次背书，导致银行承兑汇票背面的背书人签章处位置不够时，可使用粘单进行背书。

出纳除了在粘单上签章外，还要在粘单的骑缝处（粘贴的缝隙处）签章，这种盖在骑缝处的章称为骑缝章。

如果背书人在银行承兑汇票上写“不得转让”字样，被背书人是不能再背书的。否则，汇票到期，持票人到银行提示付款时，会被拒绝受理。

（3）办理贴现。企业收到银行承兑汇票，汇票的到期日还没到时，又急于用资金，此时企业也可以去银行办理贴现，办理贴现需要填写贴现凭证，并在相应的位置上签章。

填制完贴现凭证后，再将银行承兑汇票转让给银行。经银行审查无误后，把贴现的金额直接转到企业的账户上，并将回单联交给出纳作为款项到账的证明。

实务中，向银行办理银行承兑汇票贴现手续比较烦琐，因此很多企业会找贴现公司办理贴现。

小贴士

1. 问：申请银行承兑汇票也要支付手续费、工本费等相关费用吗？

答：关于手续费和工本费，各银行略有差异。手续费一般是万分之五，交通银行现在已经不收取工本费了，实务中具体情况请咨询相关银行。

2. 问：银行承兑汇票背书章盖错，就是上一手的被背书人与下一手的背书人不是同一家，全部盖了另外一家企业的印章，这种情况该怎么处理？

答：可以按照承兑背书人追溯，由盖错印章的单位出一份证明：票据要素、错误原因及经济责任的说明。

3. 问：如果银行承兑汇票丢失怎么办？

答：银行承兑汇票丢失是可以挂失的。

4. 企业收到承兑汇票的款项后，单子被银行收走了，出纳要怎么办呢？

答：出纳收到银行承兑汇票审核无误后，应先将银行承兑汇票复印两份，一份出纳保管，另一份在下班前交接给会计做账。

九、商业承兑汇票

1. 商业承兑汇票概述

商业承兑汇票是指由银行以外的付款人承兑的票据。商业承兑汇票可以由付款人签发并承兑，也可以由收款人签发交由付款人承兑。商业承兑汇票的出票人，为在银行开立存款账户的法人及其他组织，与付款人具有真实的委托付款关系，具有支付汇票金额的可靠资金来源。其正反面如图 7-22、图 7-23 所示。

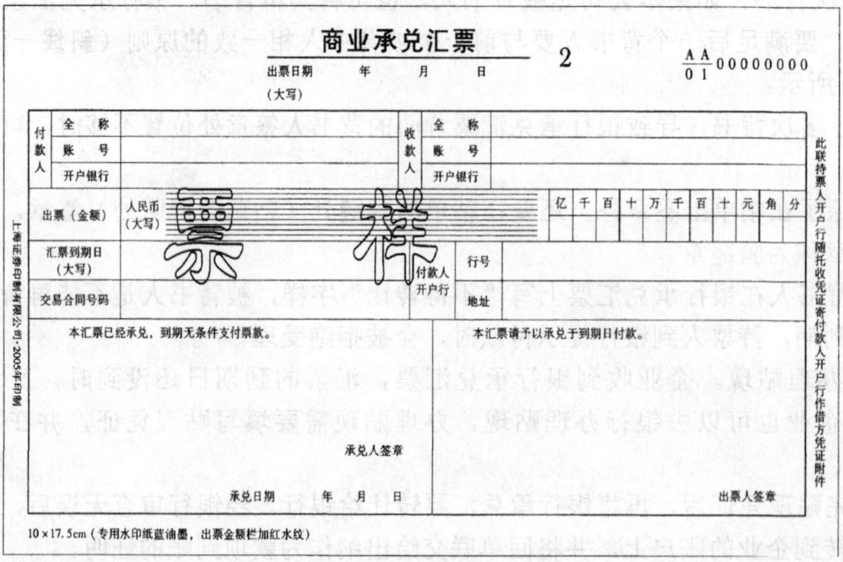
商业承兑汇票　2　$\frac{AA}{01}$ 00000000
出票日期（大写）　年　月　日
付款人：全称；账号；开户银行
收款人：全称；账号；开户银行
出票（金额）　人民币（大写）　亿 千 百 十 万 千 百 十 元 角 分
汇票到期日（大写）
付款人开户行：行号；地址
交易合同号码
本汇票已经承兑，到期无条件支付票款。
承兑人签章
承兑日期　年　月　日
本汇票请予以承兑于到期日付款。
出票人签章
此联持票人开户行随托收凭证寄付款人开户行作借方凭证附件
上海证券印制有限公司·2005年印制
10×17.5cm（专用水印纸蓝油墨，出票金额栏加红水纹）
票样

图 7-22　商业承兑汇票正面

被背书人	被背书人	被背书人	
背书 年 月 日	背书 年 月 日	背书 年 月 日	（贴粘单处）

图 7-23 商业承兑汇票背面

2．商业承兑汇票的特点

商业承兑汇票的付款期限，纸票最长不超过 6 个月，电票最长不超过 12 个月。

商业承兑汇票的提示付款期限，自汇票到期日起 10 天。

商业承兑汇票可以背书转让。

商业承兑汇票的持票人需要资金时，可持未到期的商业承兑汇票向银行申请贴现。

商业承兑汇票适用于同城或异地结算。

3．商业承兑汇票的申请

商业承兑汇票的申请人须是经国家工商行政管理机关或主管部门核准登记的企事业法人或其他经济组织。存款人向开户行领购空白的商业承兑汇票。出票人与收款人之间必须有真实、合法的商品、劳务交易关系，能够提供相应的商品交易合同、增值税发票。

4．商业承兑汇票的贴现

商业承兑汇票的贴现是指持票人将未到期的商业承兑汇票转让给银行，银行再按贴现率扣除贴现利息后将余额票款付给持票人的一种授信业务。商业汇票持有人在资金暂时不足的情况下，可以凭承兑的商业汇票向银行办理贴现，以提前取得货款。

商业承兑汇票贴现的优点：

利用自身信用完成货款结算，降低融资成本。

客户可以根据需要灵活签发商业承兑汇票，操作手续简便。

相对于银行承兑汇票，可以有效降低手续费支出。

有利于企业培植自身良好的商业信用。

商业承兑汇票贴现的流程如下：

（1）申请贴现。汇票持有人将未到期的商业承兑汇票交给银行，向银行申请贴现时，需要提供以下申请资料：客户贴现申请；申请企业营业执照及法人代表身份证的复印件；拟贴现的未到期的票据原件及复印件；与票据相符的商品交易合同；有关履行该票据项下商品交易合同的发票、货物发运单据、运输单、提单等凭证的复印件；近两年及最近一期的各类财务报表；银行认为必须担保的保证单位的保证承诺及营业执照、法人代表身份证的复印件；有处分权人的抵（质）押承诺及抵（质）押物清单和所有权、产权证明；银行认为需要的其他资料。

企业向银行申请贴现时需要填制一式五联贴现凭证，银行按照票面金额扣收自贴现日至汇票到期日期间的利息，将票面金额扣除贴现利息后的净额交给汇票持有人。

一式五联贴现凭证的基本格式如下：

第一联（代申请书）交银行作贴现付出传票；

第二联（收入凭证）交银行作贴现申请单位账户收入传票；

第三联（收入凭证）交银行作贴现利息收入传票；

第四联（收账通知）交银行给贴现申请单位的收账通知；

第五联（到期卡）交会计部门按到期日排列保管，到期日作贴现收入凭证。

贴现单位的出纳员应根据汇票的内容逐项填写上述贴现凭证的有关内容，如贴现申请人的名称、账号、开户银行，贴现汇票的种类、发票日、到期日和汇票号码，汇票承兑人的名称、账号和开户银行，汇票金额的大、小写等。

其中，贴现申请人是指汇票持有单位本身；贴现汇票种类是指银行承兑汇票还是商业承兑汇票；汇票承兑人，银行承兑汇票为承兑银行，即付款单位开户银行，商业承兑汇票为付款单位自身；汇票金额（即贴现金额）是指汇票本身的票面金额。

填完贴现凭证后，在第一联贴现凭证“申请人盖章”处和商业汇票第二联、第三联背后签章，然后一并送交开户银行信贷部门。

一般情况，商业汇票的贴现凭证第二联、第三联纸质不一样（厚度差异，注意背书）。

开户银行审查无误后，在贴现凭证“银行审批”栏签注“同意”字样，并加盖有关人员印章后送银行会计部门。

（2）办理贴现。银行会计部门对银行信贷部门审查的内容进行复核，并审查汇票盖印及压印金额是否真实有效。审查无误后，按规定计算并在贴现凭证上填写贴现率、贴现利息和实付贴现金额。

其中：贴现率是国家规定的月贴现率；贴现利息是指汇票持有人向银行申请贴现面额付给银行的贴现利息；实付贴现金额是指汇票金额（即贴现金额）减去应付贴现利息后的净额，即汇票持有人办理贴现后实际得到的款项金额。

按照规定，贴现利息应根据贴现金额、贴现天数（自银行向贴现单位支付贴现票款日起至汇票到期日前一天止的天数）和贴现率计算求得。用公式表示为

$$贴现利息=贴现金额\times贴现天数\times日贴现率$$

$$日贴现率=月贴现率\div30$$

贴现单位实得贴现金额则等于贴现金额减去应付贴现利息，用公式表示为

$$实付贴现金额=贴现金额-应付贴现利息$$

银行会计部门填写完贴现率、贴现利息和实付贴现金额后，将贴现凭证第四联加盖“转讫”章后交给贴现单位作为收账通知，同时将实付贴现金额转入贴现单位账户。

贴现单位根据开户银行转回的贴现凭证第四联，按实付贴现金额做银行存款收款账务处理。

（3）票据到期。汇票到期，由贴现银行通过付款单位开户银行向付款单位办理清算，

收回票款。到期以后有以下几种情况：

1）如果付款单位存款能足额支付票款，收款单位应于贴现银行收到票款后将应收票据在备查簿中注销。

2）当付款单位存款不足无力支付到期商业承兑汇票时，贴现行将商业承兑汇票退还给贴现单位，并开出特种转账传票，并在“转账原因”中注明“未收到××号汇票款，贴现款已从你账户收取”字样，从贴现单位银行账户直接划转已贴现票款。

贴现单位收到银行退回的商业承兑汇票和特种转账传票时，凭特种转账传票编制银行存款付款凭证。同时立即向付款单位追索票款。分录为

借：应收账款——××单位

　　贷：银行存款

3）如果贴现单位账户存款也不足时， 贴现银行将贴现票款转作逾期贷款，退回商业承兑汇票，并开出特种转账传票，在“转账原因”栏注明“贴现已转逾期贷款”字样，贴现单位据此编制转账凭证，分录为

借：应收账款——××单位

　　贷：短期借款

小贴士

商业承兑汇票是依托核心企业的信用，向收款方开出的具有付款承诺的一种支付凭证。

传统的纸质商业承兑汇票付款期限最长是 6 个月，单张票据金额不超 1 000 万元；而电子商业承兑汇票付款期限最长是 12 个月，单张票据金额不超 10 亿元。

电子商业汇票系统从 2010 年在全国推广，自此，我国商业票据业务进入电子化时代。

电子商业承兑汇票是指出票人依托电子商业汇票系统（ECDS 系统，由中国人民银行牵头建设并监管），以数据电文形式制作的，委托付款人在指定日期，无条件支付确定金额给收款人或者持票人的票据。电子商业承兑汇票只能在电子商业汇票系统签发，每张有一个独立的票据号码，实时显示票据的状态，所有的签发、流转信息都以一串 30 位字符为标识存储在 ECDS 系统，无法篡改。

每一张商业承兑汇票的交易，都需要在电子商业汇票系统内操作，在系统内有相应的备案，清晰可查，绝不可能发生票据被盗、遗失等现象，具备完整性和安全性。

商业承兑汇票本身具有债权清晰、成本低、无因性（票据一经开出，效力不受基础交易真实性影响），破产清偿顺序仅次于员工薪酬，保障优势大大优于普通债权。

电子商业承兑汇票的追索关系明晰，若出现承兑问题，可向背书转让的各方均进行追索。电子商业承兑汇票签发出来后，由核心企业承诺到期无条件承兑。

承兑情况会计入该企业的征信系统，违约成本很高，所以非极端情况下，不会发生违约，属于较为安全的资产。

电子商业承兑汇票正面，如图 7-24 所示。

出票人：签发票据的企业。

收款人：接收票据的企业。

承兑人：最终要付款的企业，一般谁签发谁付款，也有特殊情况。

承兑信息：关于付款的约定，一般会有“到期无条件付款”的字样，以增强电子商业承兑汇票的支付效力。

显示日期：2020-07-22

电子商业汇票系统

电子商业承兑汇票

出票日期：	2020-06-28			票据状态：	背书待签收
汇票到期日：	2021-03-28			票据号码：	
出票人	全称		收款人	全称	
	账号			账号	
	开户银行			开户银行	
出票保证信息	保证人名称：		保证人地址：		保证日期：
票据金额	人民币（大写）	壹拾万元整			亿 千 百 十 万 千 百 十 元 角 分
					¥ 1 0 0 0 0 0 0 0
承兑人信息	全称			开户行行号	
	账号			开户行名称	
交易合同号			承兑信息	出票人承诺：本汇票请予以承兑，到期无条件付款	
能否转让	可再转让			承兑人承兑：本汇票已经承兑，到期无条件付款	
					承兑日期：2020-06-29
承兑保证信息	保证人名称：		保证人地址：		保证日期：
评级信息（由出票人、承兑人自己记载，仅供参考）	出票人	评级主体：	信用等级：		评级到期日：
	承兑人	评级主体：	信用等级：		评级到期日：
出票备注					

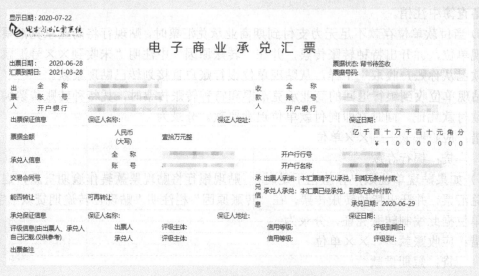

图 7-24　电子商业承兑汇票正面

电子商业承兑汇票背面，如图 7-25 所示。

背书人：转让这张票的企业。

被背书人：受让这张票的企业。最后一个被背书人，就是最终的收款企业。

背书日期：受让这张票的日期。

ECDS 备注一般不填，也可填货款、工程款。

另外，保证、质押、质押解除等都会在背书中展示。

显示日期：2020-07-22

电子商业汇票系统

电子商业承兑汇票

票据号码：

转让背书

背书人名称	
被背书人名称	
不得转让标记	可再转让
背书日期	2020-07-17
ECDS备注	

转让背书

背书人名称	
被背书人名称	
不得转让标记	可再转让
背书日期	2020-07-22
ECDS备注	

图 7-25　电子商业承兑汇票背面

课后习题

一、单选题

1．根据支付结算法律制度的规定，下列票据中，出票人为银行的是（　　）。

A．银行汇票　　B．现金支票

C．银行承兑汇票　　D．商业承兑汇票

2．根据支付结算法律制度的规定，下列各项关于支票提示付款的说法正确的是（　　）。

A．转账支票提示付款日期为出票日起 1 个月

B．出票人记载自己为收款人，提示付款不予受理

C．支票未记载收款人名称，可以提示付款

D．现金支票仅限于收款人向付款人提示付款

3．根据支付结算法律制度的规定，下列关于票据权利时效的表述中，正确的是（　　）。

A．持票人对支票出票人的权利自出票日起 1 年

B．持票人对银行汇票出票人的权利自出票日起 2 年

C．持票人对前手的追索权自被拒绝承兑或拒绝付款之日起 2 年

D．持票人对商业汇票承兑人的权利自到期日起 1 年，到期前需与自己签订代理合同，否则拒付

4．根据支付结算法律制度的规定，关于银行本票使用的下列表述中，不正确的是（　　）。

A．银行本票的出票人在持票人提示见票时，必须承担付款的责任

B．注明“现金”字样的银行本票可以用于支取现金

C．银行本票只限于单位使用，个人不得使用

D．收款人可以将转账银行本票背书转让给被背书人

5．甲公司为支付货款，于 6 月 7 日向开户银行 A 银行申请签发了一张银行本票，并交付给乙公司，8 月 9 日，乙公司持该本票委托自己的开户银行 B 银行收款，被拒绝，则下列说法中正确的是（　　）。

A．乙公司可以向甲公司追索

B．乙公司可以向 B 银行追索

C．乙公司可以向 A 银行追索

D．乙公司未在规定期限内提示付款，票据权利消灭

6．下列款项结算中,可以使用现金银行汇票的是（　　）。

A．赵某向张某支付购房款 20 万元

B．丙公司向刘某支付劳务费 15 万元

C．孙某向戊公司支付装修款 15 万元

D．甲公司向乙公司支付材料款 20 万元

7．根据支付结算法律制度的规定，下列关于银行汇票使用的表述中，正确的是（　　）。

A．银行汇票不能用于个人款项结算

B．银行汇票不能支取现金

C．银行汇票的提示付款期限为自出票日起 1 个月

D．银行汇票必须按出票金额付款

8．下列各项中，不符合《票据法》规定的是（　　）。

A．商业承兑汇票属于商业汇票

B．商业承兑汇票的承兑人是银行以外的付款人

C．银行承兑汇票属于商业汇票

D．银行承兑汇票属于银行汇票

9．根据票据法律制度的规定，以下票据的付款人不是银行的是（　　）。

A．支票　　B．商业承兑汇票

C．本票　　D．银行汇票

10．根据支付结算法律制度的规定，下列票据中，可以办理贴现的是（　　）。

A．银行承兑汇票　　B．银行汇票

C．转账支票　　D．银行本票

11．根据支付结算法律制度的规定，下列关于电子商业汇票持票人向银行申请办理贴现条件的表述中，不正确的是（　　）。

A．持票人与出票人或者直接前手之间具有真实的商品交易关系

B．票据必须未到期

C．必须向银行提供合同与发票

D．票据上必须未记载“不得转让”事项

12．乙公司为支付甲公司货款，向其签发一张到期日为 10 月 31 日的商业承兑汇票，由同城的丙公司承兑。10 月 10 日，甲公司持该汇票到 A 银行办理贴现，下列有关贴现利息的计算中，正确的是（　　）。

A．票面金额×年利率×汇票到期前 1 日至贴现日天数=贴现利息

B．票面金额×日利率×汇票到期前 1 日至贴现日天数=贴现利息

C．票面金额×日利率×（汇票到期前 1 日至贴现日天数+3）=贴现利息

D．票面金额×年利率×（汇票到期前 1 日至贴现日天数+3）=贴现利息

13．甲公司向乙企业购买一批原材料，开出一张票面金额为 30 万元的银行承兑汇票，出票日期为 2 月 10 日，到期日为 5 月 10 日。4 月 6 日，乙企业持此汇票及有关发票和原材料发运单据复印件向银行办理了贴现。已知同期银行年贴现率为 3.6%，一年按 360 天计算，贴现银行与承兑银行在同一城市。根据票据法律制度的有关规定，银行实付乙企业贴现金额为（　　）元。

A．301 680　　B．298 980　　C．298 950　　D．298 320

14．根据支付结算法律制度的规定，电子商业承兑汇票的付款期限自出票日至到期日不能超过的一定期限，该期限为（　　）。

A．1年　　B．3个月　　C．2年　　D．6个月

15．根据票据法律制度的规定，下列关于票据到期后偿付顺序的说法中，错误的是（　　）。

A．票据未经承兑人付款确认和保证增信即交易的，若承兑人未付款，应当由贴现人先行偿付

B．票据经承兑人付款确认且未保证增信即交易的，应当由承兑人付款

C．票据保证增信后即交易且未经承兑人付款确认的，若承兑人未付款，应当由贴现人先行偿付

D．票据保证增信后且经承兑人付款确认的，应当由承兑人付款

二、多选题

1．根据支付结算法律制度的规定，下列各项中，可用于转账的有（　　）。

A．现金支票　　B．转账支票　　C．普通支票　　D．划线支票

2．根据支付结算法律制度的规定，下列支票记载事项中，可以授权补记的有（　　）。

A．支票金额　　B．付款人名称

C．出票日期　　D．收款人名称

3．根据支付结算法律制度的规定，下列各项中，属于无效票据的有（　　）。

A．出票时未记载收款人的支票

B．中文大写金额与阿拉伯数字不一致的本票

C．企业自行印制并签发的商业汇票

D．出票后更改收款人名称的银行汇票

4．根据支付结算法律制度的规定，下列关于支票出票的表述中，正确的有（　　）。

A．出票人签发的支票金额不得超过其付款时在付款人处实有的存款金额

B．出票人不得签发与其预留银行印鉴不符的支票

C．支票上未记载付款行名称的，支票无效

D．出票人不得在支票上记载自己为收款人

5．2021年2月18日，甲公司签发一张转账支票交付乙公司，乙公司于2月20日将该支票背书转让给丙公司，丙公司于3月3日向甲公司开户银行P银行提示付款，P银行拒绝付款，关于丙公司行使票据权利的下列表述中，正确的有（　　）。

A．丙公司有权向乙公司行使追索权

B．丙公司有权向P银行行使追索权

C．P银行有权拒绝付款

D．丙公司有权向甲公司行使追索权

6．根据票据法律制度的规定，下列各项中，关于票据提示付款期限说法正确的有（　　）。

A．银行本票的提示付款期限自出票日起最长10天

B．银行汇票的提示付款期限自出票日起10天

C．商业汇票的提示付款期限自到期日起10天

D．支票的提示付款期限自出票起10天

7．甲公司向P银行申请签发一张银行本票交付乙公司。下列票据事项中，乙公司在收票时应当审查的有（　　）。

A．大小写金额是否一致　　B．出票金额是否更改

C．银行本票是否在提示付款期限内　　D．收款人是否为乙公司

8．根据支付结算法律制度的规定，下列关于商业汇票出票的表述中，正确的有（　　）。

A．商业承兑汇票可以由收款人签发

B．签发银行承兑汇票必须记载付款人名称

C．银行承兑汇票应当由承兑银行签发

D．商业承兑汇票可以由付款人签发

9．出票人办理电子商业汇票业务，应同时具备（　　）等条件。

A．签约开办对公业务的企业网银等电子服务渠道

B．与银行签订“电子商业汇票业务服务协议”

C．与付款人具有真实的委托付款关系

D．有支付汇票金额的资金

10．根据支付结算法律制度的规定，下列各项中，属于电子商业汇票的必须记载事项的有（　　）。

A．出票人签章　　B．无条件支付的委托

C．出票人名称　　D．票据到期日

11．下列关于票据信息登记与电子化的说法中，正确的有（　　）。

A．金融机构办理承兑业务，应当不早于业务办理的次一工作日在票据市场基础设施完成相关信息登记工作

B．纸质商业承兑汇票完成承兑后，承兑人开户银行应当根据承兑人委托代其进行承兑信息登记

C．纸质票据票面信息与登记信息不一致的，票据无效

D．电子商业汇票的签发信息，应当通过电子商业汇票系统同步传送至票据市场基础设施

12．关于商业汇票贴现的下列表述中，正确的有（　　）。

A．贴现是一种非票据转让行为

B．贴现申请人与出票人或直接前手之间具有真实的商品交易关系

C．贴现申请人是在银行开立存款账户的企业法人以及其他组织

D．贴现到期不获付款的，贴现银行可从贴现申请人的存款账户直接收取票款

13．关于电子商业汇票贴现的下列表述中，正确的有（　　）。

A．电子商业汇票贴现必须记载的事项包括贴入人名称及贴入人签章

B．电子商业汇票回购式贴现赎回时应做成背书，并记载原贴入人名称及原贴入人签章

C．办理电子商业汇票贴现及提示付款业务，可选择票款对付方式清算票据资金

D．电子商业汇票当事人在办理回购式贴现业务时应明确赎回开放日、赎回截止日

14．下列关于票据贴现的说法中，正确的有（　　）。

A．贴现人办理纸质票据贴现时，应当通过票据市场基础设施查询票据承兑信息，纸质票据必须记载事项与已登记承兑信息不一致的以纸质票据为准办理贴现

B．贴现人办理纸质票据贴现后，再办理背书转让、质押、保证、提示付款等票据业务应当通过票据市场基础设施办理

C．贴现人可以按照市场化原则选择商业银行对纸质票据进行保证增信

D．纸质商业汇票的付款确认方式包括实物确认和影像确认，两者具有同等效力

15．根据票据法律制度的规定，下列各项中，属于票据交易的有（　　）。

A．出票　　B．转贴现

C．质押式回购　　D．买断式回购

三、判断题

1．甲公司向开户银行P银行申请签发的本票超过提示付款期限后，甲公司申请退款，P银行只能将款项转入甲公司的账户，不能退付现金。（　　）

2．申请人缺少解讫通知要求退款的，出票银行应于银行汇票提示付款期满1个月后办理。（　　）

3．5月15日，甲公司向A厂购买一批原材料，财务部向丙银行提出申请并由丙银行为其签发了一张价值80万元、收款人为A厂的银行汇票。由于物价上涨等因素，该批材料实际结算金额为88万元，A厂按实际结算金额填写了结算金额并在汇票上签章。A厂在6月10日向丙银行提示付款，被拒绝受理，丙银行拒绝受理A厂的提示付款请求是正确的。（　　）

4．银行承兑汇票由承兑银行签发。（　　）

5．某人开出一张500万元的纸质商业汇票，该做法符合法律规定。（　　）

四、实训题

利达有限责任公司2021年2月16日申请办理银行汇票欲向宏发公司支付货款，将银行存款30 000元转入银行汇票存款。

要求：

（1）填写图7-26的银行汇票并写出相关会计分录。

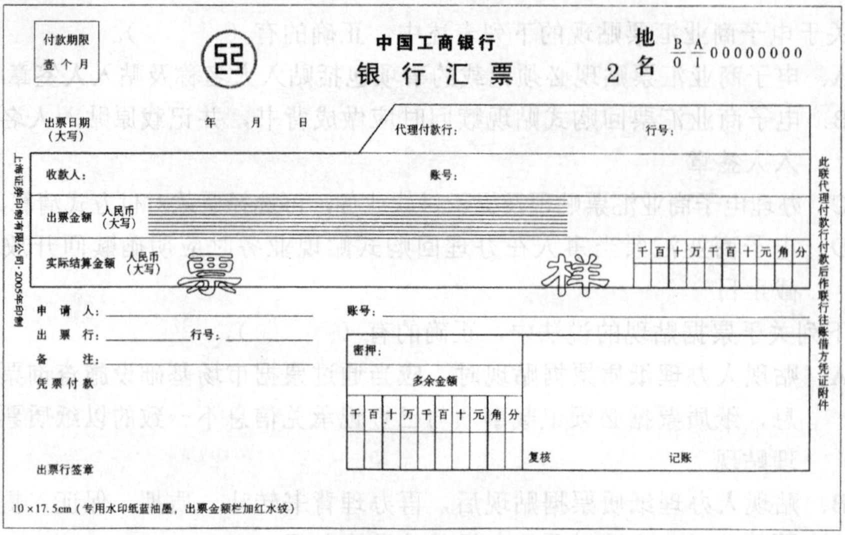
付款期限
壹个月
中国工商银行
银行汇票 2
地名 $\frac{B}{0}\frac{A}{1}$ 00000000
出票日期（大写） 年 月 日
代理付款行： 行号：
收款人： 账号：
出票金额 人民币（大写）
实际结算金额 人民币（大写）
千 百 十 万 千 百 十 元 角 分
票样
申请人： 账号：
出票行： 行号：
备注：
凭票付款
密押：
多余金额
千 百 十 万 千 百 十 元 角 分
出票行签章
复核 记账
10×17.5cm（专用水印纸蓝油墨，出票金额栏加红水纹）
上海证券印制有限公司 · 2005年印制
此联代理付款行付款后作联行往账借方凭证附件

图 7-26 银行汇票

（2）收到收款单位发票等单据，采购材料付款 28 250 元。其中，材料价款 25 000 元，增值税 3 250 元，材料入库。要求：写出相关会计分录。

（3）2021 年 3 月 1 日收款人收到银行汇票，应填写进账单，连同汇票一并交其开户行。请填写图 7-27 的进账单并写出相关会计分录。

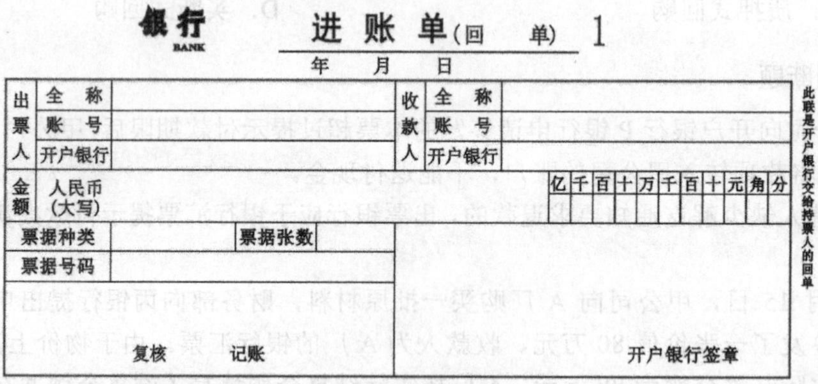
银行 BANK
进账单（回 单） 1
年 月 日
出票人 全称 / 账号 / 开户银行
收款人 全称 / 账号 / 开户银行
金额 人民币（大写） 亿 千 百 十 万 千 百 十 元 角 分
票据种类 票据张数
票据号码
复核 记账
开户银行签章
此联是开户银行交给持票人的回单

图 7-27 进账单

（4）付款人收到多余款收账通知，将余款 1 750 元收妥入账。写出相关会计分录。

（5）用图示说明银行汇票的结算程序。

第八章

8

其他结算业务

问题引入

公司销售部小刘拿着销售退货合同和发票，要求出纳沙悟净将收到的货款电汇退给对方公司，沙悟净认真审核了原始凭证并得到确认后，到银行，根据退货凭证填写好电汇凭单……

学习目标

了解各种非票据结算方式及其适用范围
了解各种非票据结算方式应遵循的规定
能画出各种非票据结算方式的结算流程
掌握各种非票据结算方式的处理过程

第一节　银　行　卡

一、银行卡概述

1．概念

银行卡是指经批准由商业银行向社会发行的具有“消费信用、转账结算、存取现金”等全部或部分功能的信用支付工具。银行卡减少了现金和支票的流通，使银行业务突破了时间和空间的限制，发生了根本性变化。

2020 年 5 月 18 日，中国银联发布了《中国银行卡产业发展报告（2020）》。报告显示，2019 年，银联网络转接交易金额达 189.4 万亿元，继续保持全球银行卡清算市场份额第一。同时，银联卡全球发行累计达 84.2 亿张，银联受理网络扩展至全球 178 个国家和地区。

2．分类

一般情况下，银行卡按授信额度分为信用卡和借记卡，信用卡又分为贷记卡和准贷记卡；按信息载体不同分为磁条卡和芯片卡；按发行主体是否在境内分为境内卡和境外卡；按发行对象不同分为个人卡和单位卡；按账户币种不同分为人民币卡、外币卡和双币种卡。这里主要讲述借记卡和信用卡的基本知识。

借记卡按功能不同分为转账卡、专用卡、储值卡。转账卡具有转账、存取现金和消费功能。专用卡是在特定区域、专门用途使用的借记卡，具有转账、存取现金的功能，这里的专门用途是指百货、餐饮、娱乐行业以外的用途。储值卡是银行根据持卡人要求将资金转至卡内储存，交易时直接从卡内扣款的预付钱包式借记卡。

借记卡可以在网络或 POS 消费或者通过 ATM 转账和提款，不能透支，卡内的金额按活期存款计付利息。消费或提款时资金直接从储蓄账户划出。借记卡在使用时一般需要密码。借记卡按等级可以分为普通卡、金卡和白金卡；按使用范围可以分为国内卡和国际卡。

贷记卡常称为信用卡，是指发卡银行给予持卡人一定的信用额度，持卡人可在信用额度内先消费，后还款的信用卡。它具有的特点包括：先消费后还款，享有免息缴款期，并设有最低还款额，客户出现透支可自主分期还款。客户需要向申请的银行交付一定数量的年费，各银行不相同。

准贷记卡是指持卡人先按银行要求交存一定金额的备用金，当备用金不足支付时，可在发卡银行规定的信用额度内透支的信用卡。综合起来，准贷记卡的特点主要有：申请准贷记卡一般需要缴纳保证金或提供担保人；在准贷记卡内存款是计算利息的；准贷记卡可以透支，但是透支款项没有免息还款期，从透支当日就可以计算利息，且必须一次还清，没有最低还款额。

二、单位结算卡

2014 年 5 月 5 日，中国银联在京发布单位结算卡，是银联卡首次涉足企业账户体系，成为企业金融服务创新的重要标志。

单位结算卡是为提升企业客户支付结算便利而推出的创新借记卡产品。单位结算卡是面向广大企业客户提供的卡类支付结算介质，具备账户查询、转账汇款、现金存取、消费及投资理财等多种金融功能的新型结算工具。该卡支持企业多账户管理，通过境内银联网络的所有渠道，企业客户可以全天候办理支付结算业务，极大地提升了企业资金结算及财务管理效率，并助推商业银行公司及零售业务资源的整合。

1．单位结算卡的功能

单位结算卡可以跨机构、多渠道管理各类客户账务，受理渠道包括柜台、ATM、POS 等，支持跨行业务，具有现金存取、转账汇兑、账户查询、POS 消费等功能，具体见表 8-1。

表 8-1 单位结算卡的功能

功能	注释
卡加密码认证，提供安全服务	通过卡片加密码方式核实客户身份信息并以芯片进行数据存储、加密、解密，与传统磁条卡相比可有效防止卡片信息被窃取或篡改
支持银联通道，支付方式多样	可在全国任意带有银联标识的 ATM 和 POS 机办理取现及消费，实现跨行现金支取、刷卡消费等功能
各种业务权限，灵活订制管理	可根据企业实际需求，确定每张卡的使用权限、应用渠道、支付额度、下挂账户额度、定向支付等权限，也可办理一户多卡等业务，满足企业对不同持卡人员的管理需要
各类企业账户，一卡集中掌握	可集中掌控企业在银行开立的各类账户（如结算账户、投资理财交易账户等），即一卡多户业务，方便企业对全部类型的账户进行统一管理
企业结算业务，7×24 小时服务	可在自助银行、网上银行、电话银行、POS 等渠道实现 7×24 小时的企业结算服务，为企业节省时间、提升效率

2. 单位结算卡的申办流程

申请办理单位结算卡的企业，需要在该行开立单位银行结算账户且年检合法有效，并同意使用密码办理支付结算等业务。

企业在申请办理单位结算卡时，需与开户行签订单位结算卡使用协议，并提供以下资料：法人授权委托书、单位结算卡业务申请表、单位结算卡关联账户申请表、法定代表人或单位负责人身份证原件及复印件、持卡人身份证原件及复印件。

在银行审核申请资料无误后，企业会收到单位结算卡，并激活。企业领卡激活后需在柜面修改初始密码，初始密码未经修改只能办理存款业务。

企业在领卡激活后，可在开户网点申请办理结算卡基本信息、关联账户、交易对手、支付限额等签约信息维护，后期可以凭单位结算卡在银行各营业网点柜面、ATM 等自助渠道办理现金存取、转账汇兑等支付结算业务，也可通过 POS 进行消费，实现 7×24 小时办理支付结算业务。

企业申请、领卡激活、签约维护、密码解锁/重置、卡片挂失及换卡、卡片损坏及换卡、销卡（停用）、回单打印等业务必须在主账户开户行（即开卡行）柜台办理。

三、银行卡清算市场

银行卡清算组织是指经人民银行批准的经营银行卡清算业务的机构。银行卡清算组织通过建立和维护跨行信息交换网络，向会员单位提供支付信息交换和清算服务，协助会员单位进行风险控制和反欺诈。

2015 年 4 月 22 日，国务院颁布《国务院关于实施银行卡清算机构准入管理的决定》。对银行卡清算市场实行准入管理、进行有序规范，是扩大金融开放、深化金融改革的重要举措。

2015 年 6 月 1 日起，《国务院关于实施银行卡清算机构准入管理的决定》开始施行。中国银行卡清算市场全面开放。国际卡组织、国内第三方支付机构、银行等符合条件的境内境外机构都可以参与中国银行卡清算市场。申请成为银行卡清算机构的，注册资本不低于“10 亿元”人民币。

四、银行卡收单

银行卡收单是指持卡人刷卡消费后，银行在约定期限内与特约商户进行结算，并向其收取一定比例手续费的行为。

2013 年，中国人民银行发布《银行卡收单业务管理办法》，界定了银行卡收单业务的内涵和适用范围，对收单机构的特约商户资质审核、业务检查、交易监测、信息安全及资金结算等环节的风险管理进行全面规范，提出严格的监管要求。银行卡收单简介见表 8-2。

表 8-2　银行卡收单简介

收费项目	收费方式	费率及封顶标准
收单服务费	收单机构向商户收取	实行市场调节价
发卡行服务费	发卡机构向收单机构收取	借记卡：不高于 0.35%（封顶 13 元）
		贷记卡：不高于 0.45%
网络服务费	银行卡清算机构向发卡机构、收单机构分别收取	

对于非营利性的医疗机构、教育机构、社会福利机构、养老机构、慈善机构的刷卡交易，发卡行服务费、网络服务费全额减免。

第二节　汇　　兑

一、汇兑概述

汇兑是汇款人委托银行将其款项支付给收款人的结算方式。汇兑分为信汇和电汇两种。汇款人可根据需要选择。

信汇是汇款人向银行提出申请，同时交存一定金额及手续费，汇出行将信汇委托书以邮寄方式寄给汇入行，授权汇入行向收款人解付一定金额的一种汇兑结算方式。

电汇是汇款人将一定款项交存汇款银行，汇款银行通过电报或电传给目的地的分行或代理行（汇入行），指示汇入行向收款人支付一定金额的一种汇款方式。通过电汇方式进行结算，银行相应收取电汇手续费，现逐渐由电子汇款取代。企业日常支付异地款项，最常用的是电汇。电汇是出纳日常工作中最常见的业务之一，也是出纳应该掌握的最重要的业务之一。

汇兑应记载的事项包括：表明“信汇”或“电汇”的字样；无条件支付的委托；确定的金额；收款人名称；汇款人名称；汇入地点，汇入行名称；汇出地点，汇出行名称；委托日期；汇款人签章。

汇兑凭证记载的汇款人名称、收款人名称，其在银行开立存款账户的，必须记载其账号。委托日期是指汇款人向银行提交汇兑凭证的当日。

凡汇兑凭证上欠缺以上汇款事项之一的。银行不受理。

二、汇兑的特点

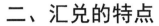

汇兑结算适用范围广，手续简便易行，灵活方便。同时，无论是信汇还是电汇，都没有金额起点的限制，不管款多款少都可使用。

汇兑结算属于汇款人向异地主动付款的一种结算方式。它对于异地上下级单位之间的资金调剂、清理旧债以及往来款项的结算等都十分方便。汇兑结算方式还广泛地用于先汇款后发货的交易结算方式。如果销货单位对购货单位的资信情况缺乏了解或者商品较为紧俏，可以让购货单位先汇款，等收到货款后再发货以免收不回货款。当然购货单位采用先汇款后发货的交易方式时，应详尽了解销货单位资信情况和供货能力，以免盲目地将款项汇出却收不到货物。如果对销货单位的资信情况和供货能力缺乏了解，可将款项汇到采购地，在采购地开立临时存款账户，派人监督支付。

汇兑结算方式除了适用于单位之间的款项划拨外，也可用于单位对异地个人支付的有关款项，如退休工资、医药费、各种劳务费、稿酬等，还可适用个人对异地单位所支付的有关款项，如邮购商品、书刊等。

汇兑结算手续简便易行，单位或个人很容易办理。

三、汇兑结算程序

1．查询银行存款余额

在办理汇兑业务前要先查询银行的存款余额是否足够支付，如果银行存款余额不足，银行将不予受理。为了保证汇兑业务高效、顺利地完成，应先查询一下银行存款余额。

使用转账支票时，如果不是直接帮对方进账，只要把对方公司的全称填写在支票收款人处就行，而不用去管对方的账号和开户银行信息。但是使用汇兑结算不同，一定要先获取对方的账号和开户银行才能办理。因此出纳在使用汇兑结算时，首先要做的就是获取对方的账号和银行信息。

2．审核签章

采用汇兑结算方式的，汇款单位出纳应填制一式三联结算业务申请书。出纳将填写好的单据，交给相关的人员审核并签章。签章必须清晰且不能交叉重叠，否则银行将不予办理。

3．生成并填写密码

业务委托书密码器的使用方法与支票类似，但是不必像支票一样，等到银行之后才填写支付密码，业务委托书上的密码，用支付密码器生成，直接填入。

4．银行办理并取回单

出纳将汇兑的办理手续准备完毕后，就可以带上结算业务委托书去银行办理了。

银行柜员收到结算业务委托书后，在结算业务委托书上盖章，银行柜员受理完该业务后，会将结算业务委托书的右边（付款行给付款人的回单）退还给出纳。

付款行把款汇到收款人的银行后，收款人银行会给收款人开具一份收账通知。收款人银行将汇兑款划到收款人账户并出具收账通知，汇兑业务的完整流程就完成了。

不同银行异地汇款手续费的标准是不一样的，出纳在办理汇兑时可以先对比一下不同的银行异地汇款手续费的收费标准。

第三节 委托收款

一、委托收款概述

委托收款是指收款人委托银行向付款人收取款项的结算方式。根据凭证传递方式的不同，委托收款可分为委邮和委电两种，由收款人选用。

委托收款凭证一式五联。第一联为回单，由银行盖章后退给收款单位；第二联为收款凭证，收款单位开户银行作收入传票；第三联为支款凭证，付款人开户银行作为付出传票；委邮第四联为收账通知，是收款单位开户银行在款项收妥后给收款人的收账通知，委电第四联为发电报的依据，付款单位开户银行凭此向收款单位开户银行拍发电报；第五联为付款通知，是付款人开户银行给付款单位按期付款的通知。委托收款凭证样式如图 8-1 所示。

委托收款凭证（回单） 1　　　第　　号

委电　　委托日期　　年　月　日　　　委托号码：

付款人	全称		收款人	全称	
	账号或地址			账号或地址	
	开户银行			开户银行	
委收金额	人民币（大写）				千 百 十 万 千 百 十 元 角 分
款项内容		委托收款凭据名称		附寄单证张数	
备注：电划		款项收妥日期 年 月 日		收款人开户银行盖章 年 月 日	

此联是收款人开户银行给收款人的回单

图 8-1　委托收款凭证

委托收款应记载的事项包括：表明“委托收款”的字样；确定的金额；付款人的名称；收款人的名称；委托收款凭据名称及附寄单证张数；委托日期；收款人签章。

委托收款人以银行以外的单位为付款人的，委托收款凭证必须记载付款人银行名称。

二、委托收款的特点

委托收款具有使用范围广、灵活、简便等特点。

从使用范围来看，凡是在银行或其他金融机构开立账户的单位和个体工商户的商品交易、劳务款项以及其他应收款项的结算都可以使用委托收款结算方式。城镇公用企事业单位向用户收取的水费、电费、电话费、邮费、煤气费等也都可以采用委托收款结算方式。

委托收款不受金额起点的限制。凡是收款单位发生的各种应收款项，不论金额大小，均可使用委托收款。

委托收款不受地点的限制，在同城、异地都可以办理。

委托收款付款期为三天，凭证索回期为二天。

委托收款结算方式是一种建立在商业信用基础上的结算方式，即由收款人先发货或提供劳务，然后通过银行收款，银行不参与监督，结算中发生争议由双方自行协商解决。银行不负责审查付款单位拒付理由。因此收款单位在选用此种结算方式时应当慎重，应当了解付款方的资信状况，以免发货或提供劳务后不能及时收回款项。

三、代办发货和代理收货方式下委托收款手续的办理

代办发货委托收款是指销货单位与代办发货单位不在一地，销货单位与代办发货单位订立代办发货委托收款合同，由销货单位委托代办发货单位向购货单位发货，并由代办发货单位代销货单位办理委托收款手续，向购货单位收款。

代办发货单位根据销货单位的通知代销货单位向购货单位发货后，以销货单位名义填制委托收款凭证，并在凭证上加盖代办发货单位的印章，送交代办发货单位开户银行向购货单位收取款项，将货款划回销货单位开户银行，收入销货单位银行存款账户。在这种做法下，代办发货单位只办理代办发货和代办委托收款手续，不发生结算关系，购货单位拒付或无款支付等都由销货单位和购货单位按照有关规定处理。

代理收货委托收款是指购货单位与代理收货单位不在一地，由销货单位直接向代理收货单位发货后，委托银行向购货单位收取货款的做法。购货单位事先将代理收货单位通知销货单位，由销货单位向代理收货单位发货，然后填制委托收款凭证，并在委托收款凭证上加注“代理收货收款”字样，送交开户银行向购货单位收取货款。代理收货单位只办理代理收货，不发生结算关系，购货单位发生拒付，由购货单位和销货单位按照有关规定处理。

第四节 托收承付

一、托收承付概述

托收承付是指根据购销合同由收款人发货后委托银行向异地付款人收取款项，由付款人向银行承付的结算方式。

使用托收承付结算方式的收款单位和付款单位，必须是国有企业、供销合作社以及经营管理较好，并经开户银行审查同意的城乡集体所有制工业企业。

办理托收承付结算的款项，必须是商品交易，以及因商品交易而产生的劳务供应的款项。代销、寄销、赊销商品的款项不得办理托收承付结算。

收付双方使用托收承付结算方式必须签有符合法律规定的购销合同，并在合同上订明使用托收承付结算款项的划回方法（邮寄和电报），由收款人选用。邮寄是指收款人委托银行通过邮寄方式将款项划转给收款人的结算方式。电报是指收款人委托银行通过电报将款项划给收款人的结算方式。

托收承付结算凭证一式五联，第一联为回单，是收款人开户银行给收款人的回单；第二联为贷方凭证，由收款人开户银行作贷方凭证；第三联为借方凭证，由付款人开户银行作借方凭证；邮寄第四联为收账通知，是开户银行在款项收妥后给收款人的收账通知；电划第四联为发电依据，付款人开户银行凭此拍发电报；第五联为承付付款通知，付款人开户银行以此通知付款人按期承付。

托收承付应记载的事项包括：表明“托收承付”的字样，确定的金额，付款人的名称和账号，收款人的名称和账号，付款人的开户银行名称，收款人的开户银行名称，托收附寄单证张数或册数，合同名称、号码；委托日期，收款人签章。

托收承付凭证样式如图 8-2 所示。

邮　　托收承付　结算凭证（回　单）1　　第　号

委托日期　年　月　日　　托收号码：

收款单位	全　称			付款单位	全　称		此联是收款单位开户银行给收款单位的回单
	账　号				账号或地址		
	开户银行		行号		开户银行		
托收金额	人民币（大写）					千百十万千百十元角分	
附　件		商品发运情况			合同名称号码		
附寄单证账数或册数							
备注：			款项收妥日期 年　月　日		（收款人开户银行盖章） 年　月　日		

单位主管　　会计　　复核　　记账

图 8-2　托收承付凭证样式

二、办理托收承付结算必须具备的条件

按照规定，办理托收承付结算必须具备以下条件：

收付双方订有符合法律规定的经济合同。

收付双方信用较好，都能遵守合同规定。

要有货物确已发运的证件，包括铁路、航运、公路等承运部门签发的运单、运单副本和邮局包裹回执等。

对于下列情况，如果没有发运证件的，可凭有关证件办理托收手续：

商业、供销、外贸部门系统内及相互之间，国家物资局、粮食、其他商业（如水产、农机等）系统内的商品调拨、自备运输工具发送或自提的；易燃、易爆、剧毒、腐蚀性的商品；以及电、石油、天然气等必须使用专用工具或线路、管道运输的，可凭付款单位确已收到商品的证明（粮食部门可凭提货单及发货明细表）。

铁道部门的材料厂向铁道系统供应专用器材，可凭其签发的注明车辆号码和发运日期的证明。

收款单位承造或大修理船舶、锅炉或大型机器等，生产周期长，合同订明按工程进度分次结算的，可凭工程进度完工证明书。

付款单位购进的商品，在收款单位所在地转厂加工、配套的，可凭付款单位和承担加工、配套单位的书面证明。

合同订明商品由收款单位暂时代为保管的，可凭寄存证及付款单位委托保管商品的证明。

使用铁路集装箱或零星单凑整车发运商品的，由于铁路只签发一张运单，可凭带有发运证件单位出具的证明。

外贸部门进口商品，可凭国外发来的账单、进口公司开出的结算账单。

三、托收承付的特点

托收承付结算具有使用范围较窄、监督严格和信用度较高的特点。

首先，按照规定，托收承付只适用于国营单位和集体单位之间的商品交易，其他性质的单位和除商品交易外的其他款项结算无法使用托收承付结算。

其次，托收承付的监督较为严格，从收款单位提出托收到付款单位承付款项，每一个环节都在银行的严格监督下进行。

此外，由于托收承付是在银行严格监督下进行的，付款单位理由不成立的不得拒付，因而收款单位收款有一定的保证，信用度相对较高。

四、托收承付的结算程序

1．托收

收款人按照签订的购销合同发货后，委托银行办理托收。

收款人应将托收凭证并附发运凭证或其他符合托收承付结算的有关证明和交易单证送交银行。

收款人开户银行接到托收凭证及其附件后，应当按照托收的范围、条件和托收凭证记载的要求对其进行审查，必要时还应查验收、付款人签订的购销合同。

2．承付

付款单位出纳员收到其开户银行转来的托收承付结算凭证第五联及有关发运单证和交易单证后，应按规定立即登记“托收承付付款登记簿”和“托收承付处理单”，然后交供应（业务）等职能部门签收。

出纳员在登记时，应逐项认真地登记托收单号、收单日期、收款单位名称、托收款项内容、托收金额等各项内容。

供应部门会同财务部门认真仔细地审查托收承付结算凭证及发运单证和交易单证，看其价格、金额、品种、规格、质量、数量等是否符合双方签订的合同的规定，并签出全部承付、部分拒付、全部拒付的意见。如为验货付款的还应将有关单证和实际收到货物做进一步核对，以签出处理意见。

付款单位承付货款有验货付款和验单付款两种方式，由收付双方协商选用，并在合同中明确加以规定。实行验货付款的，其承付期为10天，从运输部门向付款单位发出提货通知的次日算起。另外也可根据实际情况由双方协商确定验货付款期限，并在合同中明确规定，由收款单位在托收承付凭证上予以注明，这样银行便按双方约定的付款期限办理付款。收款单位在办理托收手续时应在托收凭证上加盖“验货付款”戳记。实行验单付款的，其承付期为3天，从付款单位开户银行发出承付通知的次日算起，承付期内遇到节假日则顺延，对距离较远的付款单位必须邮寄的另加邮寄时间。

付款单位收到提货通知后，应立即通知银行并交验提货通知。付款单位在银行发出承付通知后的10天或收付双方约定的期限（从次日算起），如未收到提货通知，则应在第10天或约定期限内将货物尚未到达的情况通知银行。如果未通知，银行即视作已经验货，于10天或约定期限满的次日上午开始营业时将款项划给收款单位。在第10天付款单位通知银行货物未到而以后收到提货通知没有及时通知银行的，银行仍按10天期满的次日作为划款日期，并按超过天数，计扣逾期付款的滞纳金。

付款单位承付托收款项后，应当根据托收承付结算凭证第五联及有关交易单证编制银行存款付款凭证

总之，不论验货付款还是验单付款，付款人都可以在承付期内提前向银行表示承付，并通知银行提前付款，银行应立即办理划款。因商品的价格、数量或金额变动，付款人因多承付款项的，须在承付期内向银行提出书面通知，银行据此将当次托收的款项划给收款人。

3．使用托收承付时需注意的问题

付款人不得在承付货款中，扣抵其他款项或以前托收的货款。

付款人逾期付款，付款人的开户银行将对付款人予以处罚。

付款人在承付期可以向银行提出全部拒付和部分拒付，但必须填写“拒付理由书”并签章，注明拒付理由。

收款人对被无理拒付的托收款项，在收到退回的结算凭证及其所附单证后，需要委托银行重办托收，并填写四联“重办托收理由书”，将其中三联连同购销合同、有关证据和退回的原托收凭证及交易单证一并送交银行。

4．托收承付方式下的逾期付款的办理

购货企业在承付期满日银行营业终了时，如无足够资金支付，其不足部分即为逾期未付款项，按逾期付款处理。

付款人开户银行对付款人逾期支付的款项，应当根据逾期付款金额和逾期天数，按

每天万分之五计算逾期付款赔偿金（滞纳金），将其划给收款单位。其计算公式为

应付滞纳金=逾期未付金额×延期天数×扣收比例

逾期付款天数从承付期满日算起。承付期满日银行营业终了时，付款人如无足够资金支付，其不足部分，应当算作逾期一天，计算一天的赔偿金。在承付期满的次日（如遇节假日，逾期付款赔偿金的天数计算也相应顺延，但在以后遇到节假日应当照算逾期天数）银行营业终了时，仍无足够资金支付，其不足部分，应当算作逾期两天，计算两天的赔偿金，其余类推。银行审查拒绝付款期间，不能算作付款人逾期付款，但对无理的拒绝付款而增加银行审查时间的，应从承付期满日算起，计算逾期付款赔偿金。

按照规定，赔偿金实行定期扣付，每月计算一次，于次月 3 日内单独划给收款人。次月又有部分付款的，从当月 1 日起计算赔偿金，随同部分支付的款项划给收款人，对尚未支付的款项，从当月 1 日起到月终再计算赔偿金，于第三个月 3 日内划给收款人。第三个月仍有部分付款的，按照上述方法计付赔偿。

赔偿金的扣付列为企业销货收入扣款顺序的首位，如付款人账户余额不足全额支付时，应排列在工资之前，并对该账户采取"只收不付"的控制方法，待一次足额扣付赔偿金后，才准予办理其他款项的支付。因此而产生的经济后果，由付款人自行负责。

付款人开户银行对逾期未付的托收凭证，负责进行扣款的期限为 3 个月（从承付期满日算起）。在此期限内，银行必须按照扣款顺序陆续扣款。期满时，如果付款人仍无足够资金支付该笔尚未付清的欠款，银行应于次日通知付款人将有关交易单证（单证已做账务处理或已部分支付的，可以填制"应付款项证明单"），在 2 天内退回银行。银行将有关结算凭证连同交易单证或应付款项证明单退回收款人开户银行转交收款人，并将应付的赔偿金划给收款人。对付款人逾期不退回单证的，开户银行应当自发出通知的第三天起，按照尚未付清欠款的金额；每天处以万分之五但不低于 50 元的罚款，并暂停付款人向外办理结算业务，直到退回单证时为止。

5. 拒绝付款

付款单位在承付期内，经验单或验货，发现如下情况的，可向银行提出全部拒付或部分拒付：

（1）托收的款项，不是双方签订的购销合同所规定的款项，或未订明采用托收承付结算方式所结算的款项。

（2）未经双方事先达成协议，收款人提前交货或因逾期交货，而付款人已不需要该项货物的款项。

（3）未按合同规定的到货地址发货的款项。

（4）代销、寄销、赊销商品的款项。

（5）验单付款，发现所列货物的品种、规格、数量、价格与合同规定不符，或货物已到，经查验与合同规定或发货清单不符的款项。

（6）验货付款，经查验货物与合同规定或发货清单不符的款项。

（7）款项已支付或计算有错误的款项。

付款单位提出拒付时，必须在承付期内，出纳填制好一式四联的"拒付理由书"，并加盖公章后送交其开户银行，同时向银行提供有关证明材料。其中，全部拒付的，还应

将原托收承付结算凭证的第五联及有关交易单证送交开户银行；部分拒付的，应出具拒付商品清单。

开户银行收到付款单位的拒付理由书及有关单证后，应进行认真的审查。经审查同意全部或部分拒付的，在拒付理由书第一联上加盖业务用公章作为回单（全部拒付）或支款通知（部分拒付）退回给付款单位。同时，将拒付理由书，连同有关证明材料、托收凭证、交易单证（全部拒付）及拒付商品清单（部分拒付）等寄给收款单位开户银行转交收款单位。经审查认为拒付理由不成立的，不受理拒付，仍按托收承付规定实行强制扣款，划给收款单位。另外，对于付款单位自提自运商品的，不办理拒付，因为付款单位在自提自运商品时对商品的品种、规格、数量、质量等已当面验收过了。

付款单位收到银行盖章退回的全部拒付理由书第一联后，只需将之妥善保管，并把有关拒付的情况登记在“托收承付付款登记簿”中即可。由于全部拒付没有引起其资金的增减变动，所以也无须进行会计处理。如果在拒付款项时收到收货单位发来的货物，应把它们详细地登记在“代管物资登记簿”中。

付款单位收到银行盖章退回的部分拒付理由书后，则应按照它上面承付部分的金额编制银行存款付款凭证。未付款部分，暂不做账务处理。

付款单位拒付后，对收到的收款单位发来的货物应妥善保管，不得动用。若银行发现付款单位动用了拒付部分的货物，有权将款项从付款单位银行存款账户中转划给收款单位，并从承付期满之日起，计扣逾期付款赔偿金。

收款单位收到其开户银行转来的付款单位拒付通知后，应认真对照有关合同条款等内容，检查对方拒付理由是否成立，如属对方无理拒付，可向开户银行重新办理托收，填写“重办托收理由书”，将其中三联连同购销合同和有关单证及退回的原托收凭证等，一并送交开户银行。经银行审查确属无理拒付的，可以重办托收。如果是由于办理托收时填写托收凭证有误而引起的对方拒付，收款单位进行更正后，可向其开户银行重新办理托收。

总之，在发生拒付时，收款单位、付款单位和银行应通力配合，查找原因，相互协商，找到一条可行的解决办法。

第五节　国内信用证

国内信用证是指开证行依照申请人的申请开出的不可撤销、不可转让的，凭符合信用证条款的单据支付的付款承诺，如图 8-3 所示，适用于国内企业之间的商品交易，受中国人民银行颁布的《国内信用证结算办法》规范。

国内信用证是一种或有的、未来可能发生的、有条件的资金结算行为。它的发生与否与贸易的进行相关联，是银行信用介入贸易流程的一种结算方式。只有在单证相符，单单一致的条件下，开证行及购买方才支付信用证项下的款项。通过国内信用证结算，买卖双方均能将贸易货款的收付风险降到最低。

经国家工商管理部门注册登记，具有独立法人资格、信誉良好、合法经营的国内企业以及以往多选用承兑汇票办理结算或希望以银行信用代替商业信用进行国内贸易的企业多选用国内信用证。

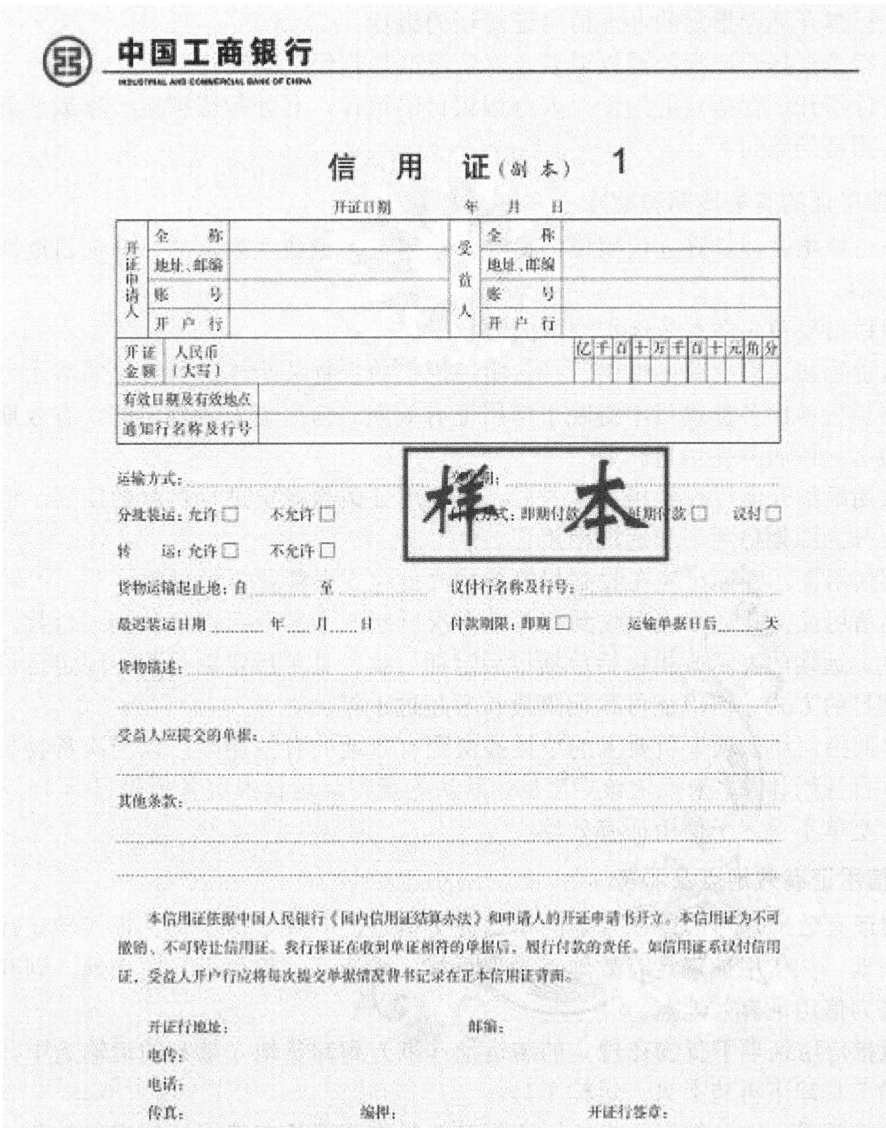

中国工商银行
INDUSTRIAL AND COMMERCIAL BANK OF CHINA

信　用　证（副本）　1

开证日期　　年　月　日

开证申请人	全　称		受益人	全　称	
	地址、邮编			地址、邮编	
	账　号			账　号	
	开户行			开户行	

开证金额	人民币（大写）	亿	千	百	十	万	千	百	十	元	角	分
有效日期及有效地点												
通知行名称及行号												

样本

运输方式：……　　期：……

分批装运：允许□　不允许□　　付款方式：即期付款□　延期付款□　议付□

转　运：允许□　不允许□

货物运输起止地：自……至……　　议付行名称及行号：……

最迟装运日期……年……月……日　　付款期限：即期□　　运输单据日后……天

货物描述：……

受益人应提交的单据：……

其他条款：……

本信用证依据中国人民银行《国内信用证结算办法》和申请人的开证申请书开立。本信用证为不可撤销、不可转让信用证。我行保证在收到单证相符的单据后，履行付款的责任。如信用证系议付信用证，受益人开户行应将每次提交单据情况背书记录在正本信用证背面。

开证行地址：　　邮编：
电传：
电话：
传真：　　编押：　　开证行签章：

图 8-3　国内信用证

一、国内信用证的使用规定

1．信用证业务当事人

申请人指申请开立信用证的当事人，一般为货物购买方或服务接受方。

受益人指接受信用证并享有信用证权益的当事人，一般为货物销售方或服务提供方。

开证行指应申请人申请开立信用证的银行。

通知行指应开证行的要求向受益人通知信用证的银行。

交单行指向信用证有效地点提交信用证项下单据的银行。

转让行指开证行指定的办理信用证转让的银行。

保兑行指根据开证行的授权或要求对信用证加具保兑的银行。

议付行指开证行指定的为受益人办理议付的银行，开证行应指定一家或任意银行作为议付信用证的议付行。

2．信用证的有关日期和期限

开证日期指开证行开立信用证的日期。信用证未记载生效日的，开证日期即为信用证生效日期。

有效期指受益人向有效地点交单的截止日期。

最迟货物装运日或服务提供日指信用证规定的货物装运或服务提供的截止日期。最迟货物装运日或服务提供日不得晚于信用证有效期。信用证未做规定的，有效期视为最迟货物装运日或服务提供日。

付款期限指开证行收到相符单据后，按信用证条款规定进行付款的期限。信用证按付款期限分为即期信用证和远期信用证。

即期信用证，开证行应在收到相符单据次日起 5 个营业日内付款。

远期信用证，开证行应在收到相符单据次日起 5 个营业日内确认到期付款，并在到期日付款。远期的表示方式包括单据日后定期付款、见单后定期付款、固定日付款等可确定到期日的方式。信用证付款期限最长不超过 1 年。

交单期指信用证项下所要求的单据提交到有效地的有效期限，以当次货物装运日或服务提供日开始计算。未规定该期限的，默认为货物装运日或服务提供日后 15 天。任何情况下，交单不得迟于信用证有效期。

3．信用证有效地点及服务

信用证有效地点指信用证规定的单据提交地点，即开证行、保兑行（转让行、议付行）所在地。如信用证规定有效地点为保兑行（转让行、议付行）所在地，则开证行所在地也视为信用证有效地点。

转运指信用证项下货物在规定的装运地（港）到卸货地（港）的运输途中，将货物从一运输工具卸下再装上另一运输工具。

分批装运或分次提供服务指信用证规定的货物或服务在信用证规定的数量、内容或金额内部分或分次交货或部分或分次提供。

分期装运或分期提供服务指信用证规定的货物或服务在信用证规定的分期时间表内装运或提供。任何一期未按信用证规定期限装运或提供的，信用证对该期及以后各期均告失效。

二、国内信用证的结算要点

1．开证

开证银行与申请人在开证前应签订明确双方权利义务的协议。开证行可要求申请人交存一定数额的保证金，并可根据申请人资信情况要求其提供抵押、质押、保证等合法有效的担保。

开证申请人申请开立信用证，须提交其与受益人签订的贸易合同。开证行应根据贸易合同及开证申请书等文件，合理、审慎设置信用证付款期限、有效期、交单期、有效地点。开证行自开立信用证之时起，即受信用证内容的约束。

开立信用证可以采用信开和电开方式。信开信用证，由开证行加盖业务用章（信用证专用章或业务专用章，下同），寄送通知行，同时应视情况需要以双方认可的方式证实信用证的真实有效性；电开信用证，由开证行以数据电文发送通知行。

信用证应使用中文开立，记载条款包括：表明“国内信用证”的字样；开证申请人名称及地址；开证行名称及地址；受益人名称及地址；通知行名称；开证日期；信用证编号；不可撤销信用证；信用证有效期及有效地点；是否可转让；是否可保兑；是否可议付；信用证金额；付款期限；货物或服务描述；溢短装条款（如有）；货物贸易项下的运输交货或服务贸易项下的服务提供条款；单据条款；交单期；信用证项下相关费用承担方。未约定费用承担方时，由业务委托人或申请人承担相应费用。

小贴士

开证日期格式应按年、月、日依次书写。

可转让信用证须记载“可转让”字样并指定一家转让行。

保兑信用证须记载“可保兑”字样并指定一家保兑行。

议付信用证须记载“议付”字样并指定一家或任意银行作为议付行。

信用证金额须以大、小写同时记载。

货物贸易项下运输交货条款：运输或交货方式；货物装运地（港），目的地、交货地（港）；货物是否分批装运、分期装运和转运，未做规定的，视为允许货物分批装运和转运；最迟货物装运日。

服务贸易项下服务提供条款：服务提供方式；服务提供地点；服务是否分次提供、分期提供，未做规定的，视为允许服务分次提供；最迟服务提供日；服务贸易项下双方认为应记载的其他事项。

单据条款，须注明据以付款或议付的单据，至少包括发票，表明货物运输或交付、服务提供的单据，如运输单据或货物收据、服务接受方的证明或服务提供方或第三方的服务履约证明。

2. 保兑

保兑是指保兑行根据开证行的授权或要求，在开证行承诺之外做出的对相符交单付款、确认到期付款或议付的确定承诺。

保兑行自对信用证加具保兑之时起即不可撤销地承担对相符交单付款、确认到期付款或议付的责任。指定银行拒绝按照开证行授权或要求对信用证加具保兑时，应及时通知开证行，并可仅通知信用证而不加具保兑。开证行对保兑行的偿付义务不受开证行与受益人关系的约束。

3. 修改

开证申请人需对已开立的信用证内容修改的，应向开证行提出修改申请，明确修改的内容。增额修改的，开证行可要求申请人追加增额担保；付款期限修改的，不得超过法律法规规定的信用证付款期限的最长期限。开证行自开出信用证修改书之时起，即不可撤销地受修改内容的约束。

开证行发出的信用证修改书中应注明本次修改的次数。

信用证受益人同意或拒绝接受修改的，应提供接受或拒绝修改的通知。如果受益人未能给予通知，当交单与信用证以及尚未接受的修改的要求一致时，即视为受益人已做出接受修改的通知，并且该信用证修改自此对受益人形成约束。对同一修改的内容不允许部分接受，部分接受将被视作拒绝接受修改。

保兑行有权选择是否将其保兑扩展至修改。保兑行将其保兑扩展至修改的，自做出此类扩展通知时，即不可撤销地受其约束；保兑行不对修改加具保兑的，应及时告知开证行并在给受益人的通知中告知受益人。

4．通知

通知行可由开证申请人指定，如开证申请人没有指定，开证行有权指定通知行。通知行可自行决定是否通知。通知行同意通知的，应于收到信用证次日起 3 个营业日内通知受益人；拒绝通知的，应于收到信用证次日起 3 个营业日内告知开证行。开证行发出的信用证修改书，应通过原信用证通知行办理通知。

开证行应于收到通知行查询次日起 2 个营业日内，对通知行做出答复或提供其所要求的必要内容。

通知行应于收到受益人同意或拒绝修改通知书次日起 3 个营业日内告知开证行，在受益人告知通知行其接受修改或以交单方式表明接受修改之前，原信用证（或含有先前被接受的修改的信用证）条款对受益人仍然有效。

开证行收到通知行发来的受益人拒绝修改的通知，信用证视为未做修改，开证行应于收到通知次日起 2 个营业日内告知开证申请人。

5．转让

转让是指由转让行应第一受益人的要求，将可转让信用证的部分或者全部转为可由第二受益人兑用。可转让信用证指特别标注“可转让”字样的信用证。

对于可转让信用证，开证行必须指定转让行，转让行可为开证行。转让行无办理信用证转让的义务，除非其明确同意。转让行仅办理转让，并不承担信用证项下的付款责任，但转让行是保兑行或开证行的除外。

可转让信用证只能转让一次，即只能由第一受益人转让给第二受益人，已转让信用证不得应第二受益人的要求转让给任何其后的受益人，但第一受益人不视为其后的受益人。已转让信用证指已由转让行转为可由第二受益人兑用的信用证。第二受益人拥有收取转让后信用证款项的权利并承担相应的义务。

第一受益人有权以自己的发票替换第二受益人的发票后向开证行或保兑行索偿，以支取发票间的差额，但第一受益人以自己的发票索偿的金额不得超过原信用证金额。转让行应于收到第二受益人单据次日起 2 个营业日内通知第一受益人换单，第一受益人须在收到转让行换单通知次日起 5 个营业日内且在原信用证交单期和有效期内换单。若第一受益人提交的发票导致了第二受益人的交单中本不存在的不符点，转让行应在发现不符点的下一个营业日内通知第一受益人在5个营业日内且在原信用证交单期和有效期内修正。如第一受益人未能在规定的期限内换单，或未对其提交的发票导致的第二受益人交单中本不存在的不符点予以及时修正的，转让行有权将第二受益人的单据随附已转让信用证副本、信用证修改书副本及修改确认书（如有）直接寄往开证行或保兑行，并不再对第一受益人承担责任。开证行或保兑行将依据已转让信用证副本、信用证修改书副本及修改确认书（如有）来审核第二受益人的交单是否与已转让信用证相符。第二受益人或者代表第二受益人的交单行的交单必须交给转让行，信用证另有规定的除外。

若原信用证允许分批装运或分次提供服务，则第一受益人可将信用证部分或全部转让给一个或数个第二受益人，并由第二受益人分批装运或分次提供服务。

第一受益人的任何转让要求须说明是否允许以及在何条件下允许将修改通知第二受益人。已转让信用证须明确说明该项条款。如信用证转让的第二受益人为多名，其中一名或多名第二受益人对信用证修改的拒绝不影响其他第二受益人接受修改。对接受者而言，该已转让信用证即被相应修改，而对拒绝修改的第二受益人而言，该信用证未被修改。

开证行或保兑行对第二受益人提交的单据不得以索款金额与单价的减少，投保比例的增加，以及受益人名称与原信用证规定的受益人名称不同而作为不符交单予以拒付。转让行应在收到开证行付款、确认到期付款函（电）次日起2个营业日内对第二受益人付款、发出开证行已确认到期付款的通知。转让行可按约定向第一受益人收取转让费用，并在转让信用证时注明须由第二受益人承担的费用。

6. 议付

议付指可议付信用证项下单证相符或在开证行或保兑行已确认到期付款的情况下，议付行在收到开证行或保兑行付款前购买单据、取得信用证项下索款权利，向受益人预付或同意预付资金的行为。

议付行审核并转递单据而没有预付或没有同意预付资金不构成议付。

信用证未明示可议付，任何银行不得办理议付；信用证明示可议付，如开证行仅指定一家议付行，未被指定为议付行的银行不得办理议付，被指定的议付行可自行决定是否办理议付。保兑行对以其为议付行的议付信用证加具保兑，在受益人请求议付时，须承担对受益人相符交单的议付责任。指定议付行非保兑行且未议付时，保兑行仅承担对受益人相符交单的付款责任。

受益人可对议付信用证在信用证交单期和有效期内向议付行提示单据、信用证正本、信用证通知书、信用证修改书正本及信用证修改通知书（如有），并填制交单委托书和议付申请书，请求议付。议付行在受理议付申请的次日起5个营业日内审核信用证规定的单据并决定议付的，应在信用证正本背面记明议付日期、业务编号、议付金额、到期日并加盖业务用章。议付行拒绝议付的，应及时告知受益人。

7. 索偿

议付行将注明付款提示的交单面函（寄单通知书）及单据寄开证行或保兑行索偿资金。除信用证另有约定外，索偿金额不得超过单据金额。开证行、保兑行负有对议付行符合法律法规规定的议付行为的偿付责任，该偿付责任独立于开证行、保兑行对受益人的付款责任并不受其约束。

议付行议付时，必须与受益人书面约定是否有追索权。若约定有追索权，到期不获付款，议付行可向受益人追索。若约定无追索权，到期不获付款，议付行不得向受益人追索，议付行与受益人约定的例外情况或受益人存在信用证欺诈的情形除外。保兑行议付时，对受益人不具有追索权，受益人存在信用证欺诈的情形除外。

8．寄单索款

受益人委托交单行交单，应在信用证交单期和有效期内填制信用证交单委托书，并提交单据和信用证正本及信用证通知书、信用证修改书正本及信用证修改通知书（如有）。交单行应在收单次日起5个营业日内对其审核相符的单据寄单。

交单行应合理谨慎地审查单据是否相符，但非保兑行的交单行对单据相符性不承担责任，交单行与受益人另有约定的除外。

交单行在交单时，应附寄一份交单面函（寄单通知书），注明单据金额、索偿金额、单据份数、寄单编号、索款路径、收款账号、受益人名称、申请人名称、信用证编号等信息，并注明此次交单是在正本信用证项下进行并已在信用证正本背面批注交单情况。受益人直接交单时，应提交信用证正本及信用证通知书、信用证修改书正本及信用证修改通知书（如有）、开证行（保兑行、转让行、议付行）认可的身份证明文件。

交单行在确认受益人交单无误后，应在发票的“发票联”联次批注“已办理交单”字样或加盖“已办理交单”戳记，注明交单日期及交单行名称。交单行寄单后，须在信用证正本背面批注交单日期、交单金额和信用证余额等交单情况。

9．付款

开证行或保兑行在收到交单行寄交的单据及交单面函（寄单通知书）或受益人直接递交的单据的次日起5个营业日内，及时核对是否为相符交单。单证相符或单证不符但开证行或保兑行接受不符点的，对即期信用证，应于收到单据次日起5个营业日内支付相应款项给交单行或受益人（受益人直接交单时，下同）；对远期信用证，应于收到单据次日起5个营业日内发出到期付款确认书，并于到期日支付款项给交单行或受益人。

开证行或保兑行付款后，应在信用证相关业务系统或信用证正本或副本背面记明付款日期、业务编号、来单金额、付款金额、信用证余额，并将信用证有关单据交开证申请人或寄开证行。若受益人提交了相符单据或开证行已发出付款承诺，即使申请人交存的保证金及其存款账户余额不足支付，开证行仍应在规定的时间内付款。

开证行或保兑行审核单据发现不符并决定拒付的，应在收到单据的次日起5个营业日内一次性将全部不符点以电子方式或其他快捷方式通知交单行或受益人。如开证行或保兑行未能按规定通知不符点，则无权宣称交单不符。开证行或保兑行审核单据发现不符并拒付后，在收到交单行或受益人退单的要求之前，开证申请人接受不符点的，开证行或保兑行独立决定是否付款、出具到期付款确认书或退单；开证申请人不接受不符点的，开证行或保兑行可将单据退交单行或受益人。

开证行或保兑行拒付时，应提供书面拒付通知。拒付通知应包括如下内容：开证行或保兑行拒付；开证行或保兑行拒付所依据的每一个不符点；开证行或保兑行拒付后可选择以下意见处理单据：开证行或保兑行留存单据听候交单行或受益人的进一步指示；开证行留存单据直到其从开证申请人处收到放弃不符点的通知并同意接受该放弃，或者其同意接受对不符点的放弃之前从交单行或受益人处收到进一步指示；开证行或保兑行将退回单据；开证行或保兑行将按之前从交单行或受益人处获得的指示处理。

开证行或保兑行付款后，对受益人不具有追索权，受益人存在信用证欺诈的情形除外。

10．注销

信用证注销是指开证行对信用证未支用的金额解除付款责任的行为。

开证行、保兑行、议付行未在信用证有效期内收到单据的，开证行可在信用证逾有效期一个月后予以注销。其他情况须经开证行、已办理过保兑的保兑行、已办理过议付的议付行、已办理过转让的转让行与受益人协商同意，或受益人、上述保兑行（议付行、转让行）声明同意注销信用证，并与开证行就全套正本信用证收回达成一致后，信用证方可注销。

课后习题

一、单选题

1．根据支付结算法律制度的规定，下列关于银行卡分类的表述中，不正确的是（　　）。

A．按是否具有透支功能分为信用卡和贷记卡

B．按币种不同分为外币卡和人民币卡

C．按发行对象分为单位卡和个人卡。

D．按信息载体分为磁条卡和芯片卡

2．刘某在 P 银行申领了一张信用额度为 10 000 元的银行卡，P 银行与刘某约定，刘某需存入备用金 5 000 元，当备用金余额不足支付时，刘某可在 10 000 元的信用额度内透支，该银行卡是（　　）。

A．储蓄卡　　B．借记卡　　C．贷记卡　　D．准贷记卡

3．张某 3 月 1 日向银行申请了一张贷记卡，6 月 1 日取现 2 000 元，对张某的上述做法，说法正确的是（　　）。

A．张某取现 2 000 元符合法律规定

B．张某取现 2 000 元可享受免息还款期

C．张某申请贷记卡需要向银行交存一定金额的备用金

D．张某取现 2 000 元可享受最低还款额

4．根据支付结算法律制度的规定，银行卡收单服务费是由（　　）收取。

A．收单机构向持卡人　　B．收单机构向商户

C．发卡机构向收单机构　　D．银行卡清算机构向收单机构

5．根据支付结算法律制度的规定，下列关于汇兑业务办理的表述中，正确的是（　　）。

A．汇兑凭证记载的汇款人、收款人在银行开立存款账户的，必须记载其账号

B．汇入银行向收款人发出的收账通知不能作为银行将款项转入收款人账户的凭证

C．汇出银行签发的汇款回单，不能作为汇出银行受理汇款的依据

D. 汇出银行签发的汇款回单，可以作为该笔汇款已转入收款人账户的证明

6. 5月20日，甲报社以汇兑方式向李某支付稿费2 000元。下列情形中，甲报社可以申请撤销汇款的是（　　）。

A. 银行已经汇出但李某尚未领取　　B. 银行尚未汇出

C. 银行已向李某发出收账通知　　D. 拒绝领取

7. 根据支付结算法律制度的规定，关于国内信用证的下列表述中，正确的是（　　）。

A. 可用于支取现金

B. 开证申请人可以是个人

C. 付款期限最长不超过9个月

D. 国内信用证为不可撤销的跟单信用证

8. 下列关于国内信用证的说法中，错误的是（　　）。

A. 即期信用证的开证行应在收到相符单据次日起5个营业日内付款

B. 开证行可要求申请人交存一定数额的保证金

C. 通知行只能由开证申请人指定

D. 可转让信用证可以部分转为由第二受益人兑用

二、多选题

1. 下列关于银行卡清算市场的说法中错误的有（　　）。

A. 目前外资企业暂不能申请在中国境内设立银行卡清算机构

B. 申请成为银行卡清算机构的，注册资本不低于2亿元人民币

C. 申请成为银行卡清算机构的，注册资本不低于5亿元人民币

D. 目前中国银联股份有限公司是唯一经国务院同意，由中国人民银行批准设立的银行卡清算机构

2. 下列各项中，属于银行卡收单业务风险事件的有（　　）。

A. 洗钱　　B. 套现

C. 移机　　D. 留存持卡人账户信息

3. 某4S店与A银行签订银行卡受理协议，约定A银行按照交易金额的1.25%，单笔80元封顶的标准收取结算手续费。某日，赵某持B银行发行的借记卡，在某4S店刷卡消费10万元，购买汽车一辆，由中国银联提供网络服务，则下列说法中正确的有（　　）。

A. 收单服务费由A银行向4S店收取，金额为80元

B. 发卡行服务费由B银行向4S店收取，金额为13元

C. 该笔交易中国银联应向4S店收取网络服务费

D. 4S店与A银行签订的协议中应注明可受理银行卡种类、开通的交易类型、收单银行结算账户的设置和变更、资金结算周期、结算手续费标准、差错和纠纷处置等内容

4. 根据支付结算法律制度的规定，下列事项中，签发汇兑凭证必须记载的有（　　）。

A. 确定的金额　　B. 收款人名称

C. 委托日期　　D. 汇款人签章

5．根据支付结算法律制度的规定，下列债务证明中，办理款项结算可以使用委托收款结算方式的有（　　）。

A．已承兑的商业汇票　　B．支票

C．到期的债券　　D．到期的存单

6．根据支付结算法律制度的规定，关于委托收款结算方式的下列表述中，正确的有（　　）。

A．银行在为单位办理划款时，付款人存款账户不足支付的，应通知付款人交足存款

B．单位凭已承兑的商业汇票办理款项结算，可以使用委托收款结算方式

C．以银行以外的单位为付款人的，委托收款凭证必须记载付款人开户银行名称

D．委托收款仅限于异地使用

三、判断题

1．委托收款以单位为付款人的，银行收到委托收款凭证及债务说明，审查无误后应于当日将款项主动支付给收款人。（　　）

2．未在银行开立存款账户的个人，不能办理委托收款业务。（　　）

3．准贷记卡不具有透支功能。（　　）

四、实训题

2021 年 2 月 23 日利达公司从宏发公司采购建设物资一批，已入库，总价款为 34 500 元，3 月 15 日利达公司以电汇方式结算货款。要求：作为利达公司出纳的你办理此项业务，填写下面的结算业务申请书（图 8-4），并写出相关的会计分录。

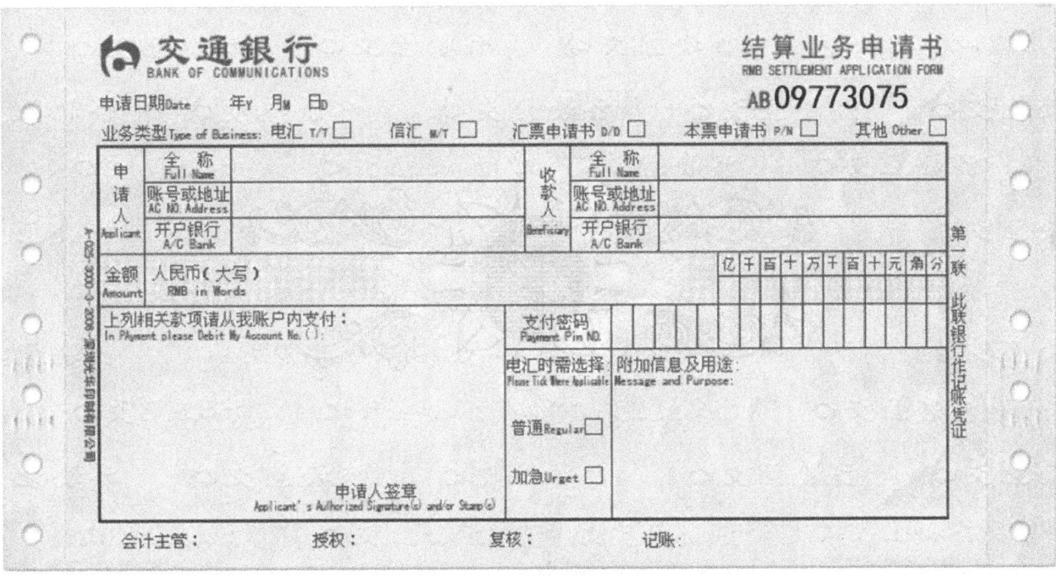

交通银行 BANK OF COMMUNICATIONS

结算业务申请书 RMB SETTLEMENT APPLICATION FORM

AB09773075

申请日期Date　　年Y　月M　日D

业务类型Type of Business: 电汇 T/T ☐　信汇 M/T ☐　汇票申请书 D/D ☐　本票申请书 P/N ☐　其他 Other ☐

申请人 Applicant	全称 Full Name		收款人 Beneficiary	全称 Full Name	
	账号或地址 AC NO. Address			账号或地址 AC NO. Address	
	开户银行 A/C Bank			开户银行 A/C Bank	
金额 Amount	人民币（大写）RMB in Words				亿 千 百 十 万 千 百 十 元 角 分
上列相关款项请从我账户内支付：In Payment please Debit My Account No.():			支付密码 Payment Pin NO.		
			电汇时需选择 Please Tick There Applicable：普通Regular ☐ 加急Urget ☐	附加信息及用途：Message and Purpose:	
申请人签章 Applicant's Authorized Signature(s) and/or Stamp(s)					

会计主管：　授权：　复核：　记账：

第一联 此联银行作记账凭证

图 8-4　结算业务申请书

参 考 文 献

[1] 王丽云，宋艳梅．出纳岗位实务[M]．2 版．北京：北京理工大学出版社，2017.
[2] 张瑞芳，左桂云．企业出纳实务[M]．2 版．北京：高等教育出版社，2019.
[3] 刘明珠．出纳实务岗位技能实训[M]．北京：北京交通大学出版社，2013.
[4] 赵宇，张瑶．新编企业出纳实务[M]．3 版．南京：南京大学出版社，2018.
[5] 杨雄，黄秋凤．中小企业出纳实务[M]．3 版．北京：电子工业出版社，2016.
[6] 张竞存，越瑞娟，陆丹丹．出纳实务[M]．北京：清华大学出版社，2015.
[7] 路玉麟，郑利霞，钟英．会计出纳做账纳税岗位实战宝典[M]．北京：清华大学出版社，2014.
[8] 周丽华，张婉婷．出纳岗位操作实务训练[M]．3 版．厦门：厦门大学出版社，2015.
[9] 魏芳，韩丹，李彩．出纳实务[M]．北京：中国轻工业出版社，2018.